スポーツ指導者に学ぶ

選手の心を動かすパワーワード

笹竹英穂 著

大修館書店

はじめに

大学で体育学を専攻している学生たちと話をしていて、いつも疑問に思うことがあった。スポーツの世界は厳しい勝負の世界なのでストレスが強いはずなのに、なぜこんなに明るくて元気なのだろうかと。もちろん個人差はあるが、一般的にこのような傾向がある。ちなみに、女子レスリングのオリンピック金メダリストの吉田沙保里《よしださおり》さん、伊調馨《いちょうかおり》さん、川井梨紗子《かわいりさこ》さんは私の勤務する大学の卒業生であり、私の授業を受講していたが、皆チャレンジ精神に富んでおり、いつも前向きだった。

ある時、私は気が付いた。学生たちの多くは将来スポーツ指導者として活躍することを目指しているが、そのきっかけを聞いてみると、「指導を受けた部活動の先生に感銘を受けたから」と、ほとんどの学生が口にするのである。全国大会を目指す中で多くの学生は、試合に負けた時の悔しさ、怪我した時の絶望感など、様々な挫折を味わっている。しかしそのたびごとにスポーツ指導者から励まされ、その言葉によって立ち直ってきた経験を持っていた。

そこで私は、心に残るスポーツ指導者の言葉について、学生たちにレポートに書いてもらった。それらを読んだ時、そのポジティブで熱い言葉が私の心にも響いてきた。そしてこのような言葉に支えられているので、選手は厳しい勝負の世界で戦っていけるのではないかと思った。

スポーツ指導者は、技術的な指導だけでなく、落ち込んでいる選手を励まし、モチベーションをアップさせて奮い立たせることも必要である。学生たちが書いてくれたこれらの言葉は、どのような言葉かけをしたらよいのかのお手本となる。今後スポーツ指導者を目指す人たちはもちろんのこと、現在スポーツ指導者として活躍している人にもきっと役立つはずである。

さらにスポーツ場面以外でも、学校で友人関係に悩んでいる児童生徒を励ましたい場面や、会社で部下のモチベーションを上げたい場面でも、これらの言葉は参考になるだろう。（本書には、教育場面やビジネス場面での例文も記載した。）

これが本書を執筆したいきさつである。本書は、数年にわたって学生に書いてもらった「心に残るスポーツ指導者の言葉」のレポートの中から、40編を選び出したものである。身近な人の気持ちを奮い立たせるすてきな言葉がつまっている。

本書の特徴は二つある。

一つは、中学校などの部活動やスポーツクラブの指導者という身近な人たちの言葉を集めており、生活感にあふれ親しみやすい内容となっていることである。偉人や著名人の名言とは異なった味わい深さがある。

もう一つは、そのスポーツ指導者の言葉がなぜ効果的なのかについて心理学的な解説をし、さらに活用する上での実践的なアドバイスを付け加えたことである。理屈がわかれば、効果的な言葉を選ぶことができるようになる。

身近な人を励ましたり元気づけたりすることに、本書が役立つことができれば幸いである。

令和二年　八月　　笹竹英穂

目次

第1章 スランプ1に悩む選手へ

第2章 レギュラー2になれない選手に

第3章 けが3に苦しむ選手に

第4章 試合前の緊張している選手へ

第5章 試合に負けて落ち込む選手へ

第6章 重圧に苦しむキャプテンへ

第7章 一生懸命取り組むマネージャーに

第8章 引退する選手に

本書に掲載したスポーツ指導者の言葉は、書籍に掲載する旨の同意を得ている。できる限り学生が記載したとおりに掲載したが、わかりにくい表現は若干修正した。これらの言葉には、著名人の名言に類似した表現が見受けられるかもしれないが、その場面でのスポーツ指導者自身の気持ちを伝えるために用いられたものであり、個人的な表現であると考える。また本文中のスポーツ指導者から言葉をかけられた場面の説明は、学生の記述を要約したものである。

スランプ1に悩む選手へ

01

あなたが
ぶち当たっている壁は、
簡単に越えられてしまう
低い壁なの。
違うでしょう。
あなたなら
乗り越えられると
思っている。

バスケットボール部に所属していた高校三年の時、上級生としてチームを引っ張ろうと思った。後輩の手本になろうと誰よりもトレーニングや練習をこなし、そのポジションでは一番と呼ばれるまでになった。しかし顧問からは、チームを引っ張っていないとよく怒られていた。なぜ顧問からこんなに叱られるのか、自分はどうしたらよいのかと悩んだ。その苦しみが三ヶ月間続き、退部を決意した時、顧問から声をかけられた。この言葉によって、自分の考えがまだ甘かったことに気がつき、もう少し粘って頑張ってみようと思うことができた。

（当時：高校三年女子）

選手の気持ち・指導者の気持ち

上級生になると、責任を感じてチームを引っ張っていこうと思うようになる。ただ、それまで先輩の後についていけばよかった立場の者が、先輩になったからといって、チームを引っ張っていくことが急にできるようになるわけではない。この選手も、チームのまとめ方がわからず苦しんでいた。自分なりに考えて努力をしていたが、顧問に認めてもらっていないと感じ、ついに退部を決意するに至ったのである。

一方この指導者は、選手が頑張っていることを知っていた。選手が苦しんでいることも知っていた。にもかかわらず手を差し伸べずにあえて叱責したのは、この選手が自分で乗り越える力を持っていると考えていたからである。悩みながらも、自分で解決策を考え、そして実行できる能力があると、この選手を信じていたのである。

この言葉から何を読み解くか ～自己効力感を高める～

この指導者のメッセージのポイントは二つある。一つは、選手の苦しみを否定せずに受けとめていることである。「あなたがぶち当たっている壁は、簡単に越えられてしまう低い壁なの。違うでしょう」という発言には、「簡単には越えられない壁であり、苦しむのは当然だよ」というメッセージが込められている。つまりこのような状況では誰もが苦しむものであることを指摘し、選手の苦しみを受け入れているのである。

もう一つのポイントは、**自己効力感**に焦点を当てた発言をしていることである。自己効力感とは、健康心理学などの領域で使われる用語であり、ある成果を生み出すための行動を自分はやり遂げることができるという確信のことである。たとえば「このハードな基礎トレーニングを自分はやることができる」と思っている選手は、確信を持っているので、自己効力感を持っていることになる。一方「この基礎トレーニングは重要であることはわかるが、ハード過ぎて自分はやることができない」と思っている選手は、確信を持っていないので、自己効力感を持っていないということになる。この練習メニューをやり遂げれば競技成績が向上するとわかっていても、「私にはやり遂げることができない」と自己効力感を持つことができない場合には、取り組む意欲が出ないのである。したがって練習メニューなどの課題を与えて選手にやらせようとする場合は、自己効力感も高める言葉かけをすることが必要となる。

この指導者は、「あなたなら乗り越えられると思っている」と伝え、選手の自己効力感を高めようとしている。この指導者の言葉によって、「頑張れば乗り越えられるかもしれない」と選手は思うことができ、意欲を高めることができたのである。

活用する時のポイント

自己効力感を高める言葉かけの効果が期待できる選手は、実行力はあるが自分に自信がなくて、一歩が踏み出せない選手である。このような選手は、自己効力感を高めてあげれば、自分であれこれ考えて実行し、主体的に問題を乗り越えていくことができる。

なお自己効力感を高める発言と、励ましの発言は異なるので注意する必要がある。自己効力感を高める発言は、「あなたならできる」という実現可能性について言及することが必要である。これがないと、単なる励ましの発言となる。

○ 好ましい表現

「この練習メニューはハードだが、あなたならできると思う。」

……「あなたならできる」と伝え、実現可能性について言及している。

× 好ましくない表現

「この練習メニューはハードだから、頑張るんだよ。」

……実現可能性について言及しておらず、単なる励ましの発言となっている。

関連例文▶教育場面No.29・ビジネス場面No.30

02

私はあなたに才能があると
思っているから
厳しいことを言うの。
努力をしている姿を知っているから、
私はあなたを見捨てません。

大学二年の時、競技のために体重を落とす必要があるとコーチから厳しく言われていた。私だけ厳しく言われていたため、試合に勝ちたいということよりも、コーチから見捨てられてしまう不安の方が大きくなっていた。体重を落とすため毎日の三十分間走に取り組んでいた時に、コーチから声をかけられた。結果的にはよい記録は残せなかったが、この言葉によって、コーチの期待に応えようという気持ちから、高いモチベーションを維持することができた。

（当時：大学二年女子）

選手の気持ち・指導者の気持ち

選手にとって指導者は怖い存在である。褒められることもあるが、厳しく指導されることが圧倒的に多い。自分だけが厳しく指導されるという思いがあると、指導者から嫌われているのではないかという不安にとらわれることもある。この選手もそんな不安を抱え、コーチが怖くておびえていた。

指導者は、選手に高い資質や能力があると考える場合や、一生懸命練習に取り組んでいる場合は、今以上に競技成績を上げようとする。指導が厳しくなるのは、選手が嫌いであるからではなく、選手の競技成績をさらに上げようとするためである。ただそのような思いは、選手には伝わりにくい。選手は指導者に嫌われているなどと選手が受け取ってしまうからである。そのためこの指導者は、誤解のないように自分の率直な気持ちを選手に伝えたのである。

この言葉から何を読み解くか ～コミュニケーションの文脈（自分の意図）を示す～

指導者のメッセージは、「私が厳しく指導するのは、あなたに才能があると思っているからなのよ。誤解しないでね」というものである。指導者と選手の間で、なぜ指導が厳しいのかについて認識がずれやすいので、自分の気持ちを伝えて、それを防いでいる。

カウンセリング心理学では、文脈が異なると、コミュニケーションが円滑に行われにくいことが指摘されている。**文脈**とは、コミュニケーションを成立させるために共有する必要がある基本的な情報、**共通認識**のことである。たとえば、指導者が厳しく指導するのは、「選手に才能があると考えている」という文脈もあれば、「指導者が選手を嫌っている」という文脈もある。これらの文脈が指導者と選手の間で一致していないと、コミュニケーションがかみ合わない。指導者が愛情を込めて指導しても、選手は「私は嫌われている」と受け取るのである。文脈が違えば、「厳しい指導」の受け取り方も異なってくるのである。

この指導者は、選手の誤解を防ぐために「才能があると思っているから厳しいことを言う」と言って文脈を示したので、選手は「厳しい指導」の意味がわかり、指導者の期待を感じることができた。指導者と選手の間で共通認識を持つことができたのである。

活用する時のポイント

コミュニケーションの文脈を明確にする言葉かけが効果的な場合は、選手と指導者の間で認識のずれがある場合、つまり文脈が一致しておらず、誤解が生じていることが疑われる場合である。その場合には、個々の発言や態度の背後には「こんな気持ちがあるんだよ」という感じで、自分の意図を伝えると誤解が解消されやすくなる。指導者と選手だけでなく、上司と部下、教員と生徒など、立場に上下関係がある場合は、特に文脈がずれやすい。立場が上にある者の気持ちは、なかなか伝わりにくいのである。そのため立場が上にある者は、コミュニケーションの文脈を明確に示すことが大切である。

○ 好ましい表現

「試合に負けても、私が具体的な注意をしないのは、みんなにどうしたらよいかを自主的に考えて欲しいからだよ。」

……コミュニケーションの文脈（自分の意図）を明確に示している。

× 好ましくない表現

「試合に負けたのだから、今後どうしたらよいか、自分たちで考えなさい。」

……コミュニケーションの文脈（自分の意図）を明確に示していない。

関連例文 ▶ 教育場面No.30・ビジネス場面No.08

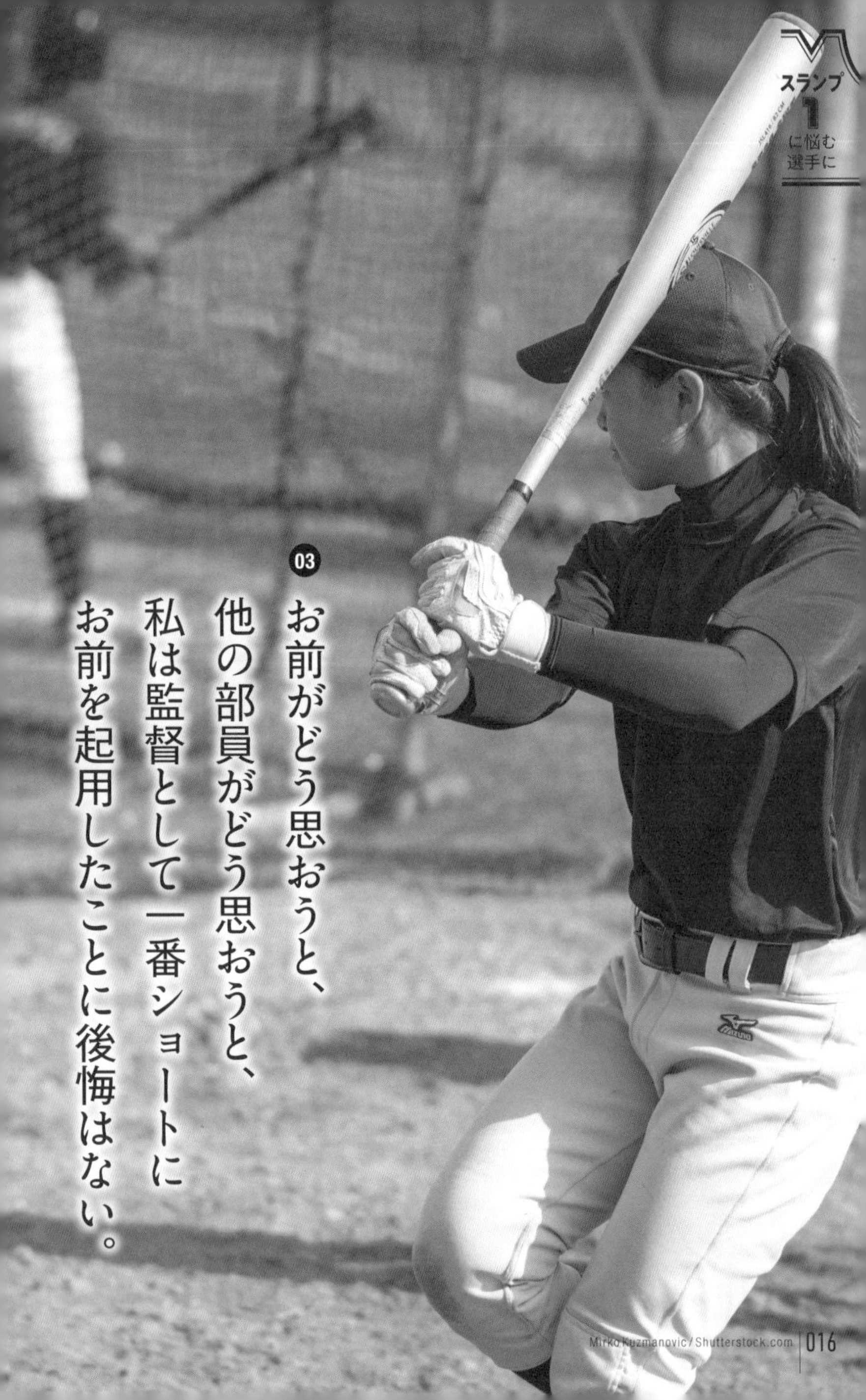

03

お前がどう思おうと、
他の部員がどう思おうと、
私は監督として一番ショートに
お前を起用したことに後悔はない。

Mirko Kuzmanovic / Shutterstock.com

春の女子硬式野球大学選手権で一番ショートを任されたが、あまり出塁できず、結果を残せなかった。他の部員に任せた方が、チームは勝てるのではないかと思った。大会終了後に監督に提出するノートに、自分が一番の打順でよいのかなどと葛藤を書いた。返却されたノートに、監督のコメントが書かれてあった。このような思いで自分を起用してくれる監督の期待に応えたいと思った。それ以後、練習量は増え、意識も変わった。

（当時：大学二年女子）

選手の気持ち・指導者の気持ち

メンバーとしてせっかく選ばれたのに、その期待に応じられず、成果を上げられないことは、選手として辛いものである。試合に出場した以上は監督の期待に応えたいと思うが、その成果が出せない場合は焦り、苦しむ。自分よりも他の選手が試合に出場した方がチームの勝利に貢献するとさえ思う。この選手もそのような思いを胸に抱えていた。

一方指導者は、成果にこだわっていなかった。成果を出さないのなら信頼しないということではない。成果を出しても出さなくても、この選手を信頼し期待していた。今は成果を出せなくても、失敗から何かを学び、やがて成果を出して選手として成長してくれるはずである。つまり長期的視野に立ってこの選手を育てようと考えていたのである。

スポーツの世界では成果を残すことは重要だが、成果にこだわると、選手はそれだけに一喜一憂することになる。成果を残せなければ選手は焦り、精神的に余裕を失い、選手として成長することができない。だからこそ監督としてこの選手を信頼したことに後悔はないと、選手のノートに書いたのである。

この言葉から何を読み解くか ～無条件の信頼を示して安心させる～

指導者のメッセージは「成果にこだわるな。試合で成果を出しても出さなくても、お前を信頼している」というものである。成果を出すなら信頼するという条件付きではない。成果とは関係なく、無条件に信頼するという強い気持ちがこもっている。

カウンセリング心理学では、相談に来た者が精神的に成長するために、カウンセラーが持つべき態度の条件を明らかにしている。そのうちの一つに**無条件の肯定的配慮**がある。無条件の肯定的配慮とは、相談に訪れた者がどのような考え方をしても、どんなことを発言しても、カウンセラーは積極的に関心を示し支援するというものである。だから相談者は、安心して何でも自由に自分の気持ちをカウンセラーに話すことができる。

この考え方をスポーツの世界に当てはめれば、成果を残しても残さなくても選手を信頼するということになる。指導者が無条件の肯定的配慮を持つことによって、選手は指導者の顔色をうかがうことなく、安心してプレーに集中することができる。そして指導者と選手の信頼関係が形成されるのである。

活用する時のポイント

無条件の肯定的配慮を示す言葉かけは、指導者（上司や教員）の評価を気にする者に対して用いると効果が期待できる。こうしたタイプは、失敗することによって指導者（上司や教員）の信頼をなくしてしまう心配をしやすく、失敗を極度に恐れて、積極的にチャレンジすることを避ける傾向がある。無条件の肯定的配慮を示す言葉かけによって、安心してチャレンジすることができるようになる。

なおこの言葉かけを用いる際には、「条件付き」の肯定的配慮にならないように表現に注意する必要がある。

○ 好ましい表現

「ミスしてもよいから、思い切ってプレーしてきなさい。ミスしても私はあなたを信頼し続ける。」

……ミスの有無に関係なく、肯定的配慮を示している。

✕ 好ましくない表現

「ミスしない以上、私はあなたを信頼し続けるからね。」

……「ミスしない以上」という条件付きの肯定的配慮を示している。

関連例文▶教育場面No.01・ビジネス場面No.01

04

俺はお前に期待していない。
信頼しているだけだ。
期待は結果を期待すること。
信じることはお前が陸上をして
よかったと思えるように支えること。

中学時代は陸上部に所属していた。中学二年時までは県大会で常に上位入賞をしていた。しかし中学三年の春に調子を崩し、スランプに陥った。そしてブロック大会への出場をかけた県大会では記録なしという結果に終わってしまった。その後の試合も、まったく記録は出なかった。中学最後の県大会前のミーティングが終わった後、先生に呼ばれた。この先生のこの言葉に支えられ、試合に臨むことができた。結果は六位であったが、それでも最後に試合に出場できたことは本当にうれしかった。

（当時：中学三年男子）

選手の気持ち・指導者の気持ち

スランプに陥って記録が全く振るわなくなると、選手はかなり精神的に追い詰められる。特に苦しいのは、指導者や家族の期待に応えられなくなることである。みんなに申し訳ないと思い、何とか今までの自分に戻ろうとするのだが、焦れば焦るほど身体が動かず、よい競技成績を残すことができなくなる。この選手はそのような悪循環に陥って、もがき続けていた。その時、指導者から「期待していない」と言われることによって気持ちが楽になったのである。

指導者は、この選手がスランプを抜け出せない理由の一つとして、周囲の期待がプレッシャーになっていると考えていた。県大会では常に上位入賞をしている選手だけに、周囲が期待をかけるのは当然である。選手がスランプから脱出するためには、そのプレッシャーを取り除く必要がある。そこで一計を案じ、普段とは逆の表現を用いて「期待していない」と選手に言ったのである。

この言葉から何を読み解くか ～逆説的なメッセージで気を楽にさせる～

指導者は「期待していない」と言っているが、選手に伝わっているメッセージは「本当は期待している。でも、お前がプレッシャーに感じるので、そうは言わない。だから気楽にやってごらん」である。この選手は県大会の上位入賞者の常連であるので、期待されていることは、自他共に認めるところである。ただその期待がプレッシャーとなってスランプから立ち直れずにいる。そのため指導者は、自分の気持ちを直接的に言うことを避け、表現を工夫して、期待はしているが「期待はしていない」と逆説的な表現を用いたのである。仮に指導者が「期待している」と直接的に表現した場合、選手は指導者の期待を重荷に感じてしまう危険性がある。

このようにあえて逆の表現を用いることを、臨床心理学では**逆説的メッセージ**と呼んでいる。直接的な表現を用いると逆効果となってしまう危険性がある場合に、あえて逆の表現を用いるのである。

一方選手は「期待していない」と指導者から言われたが、これを真に受けて「この指導者は私のことを期待していないんだ」と思うことはない。「期待していない」という表現の裏に、「本当は期待しているよ」という指導者の気持ちを読み取っている。ただ直接的な表現ではないために、プレッシャーは感じなくて済んでいるのだ。

こうした逆説的な表現により、選手は指導者の気持ちを受け取り、気持ちを軽くすることができたのである。

活用する時のポイント

指導者がプレッシャーを与えるつもりがないのに、選手がプレッシャーに感じてしまうなど逆効果になってしまう場合、逆説的なメッセージを出すことを検討してもよい。

また選手が「あがることはいけないことだ」などと無意識的に思っている場合、あがり始めると、それを否定してあがったことを隠そうとすることがある。するとますますあがるという悪循環に陥りやすい。あがっていることを正直に態度に示すことを選手に促すことも効果的である。

○ 好ましい表現

「試合前にあがっていいぞ。しかもあがっていることを隠さずに、正直にあがっていますと言えばいいんだ。」

……逆説的なメッセージによって、選手は気持ちが楽になる。

× 好ましくない表現

「試合前だから、できるだけあがらないようにするんだよ。」

……あがってしまった場合、選手は精神的に苦しくなる。

関連例文▶教育場面No.13・ビジネス場面No.18

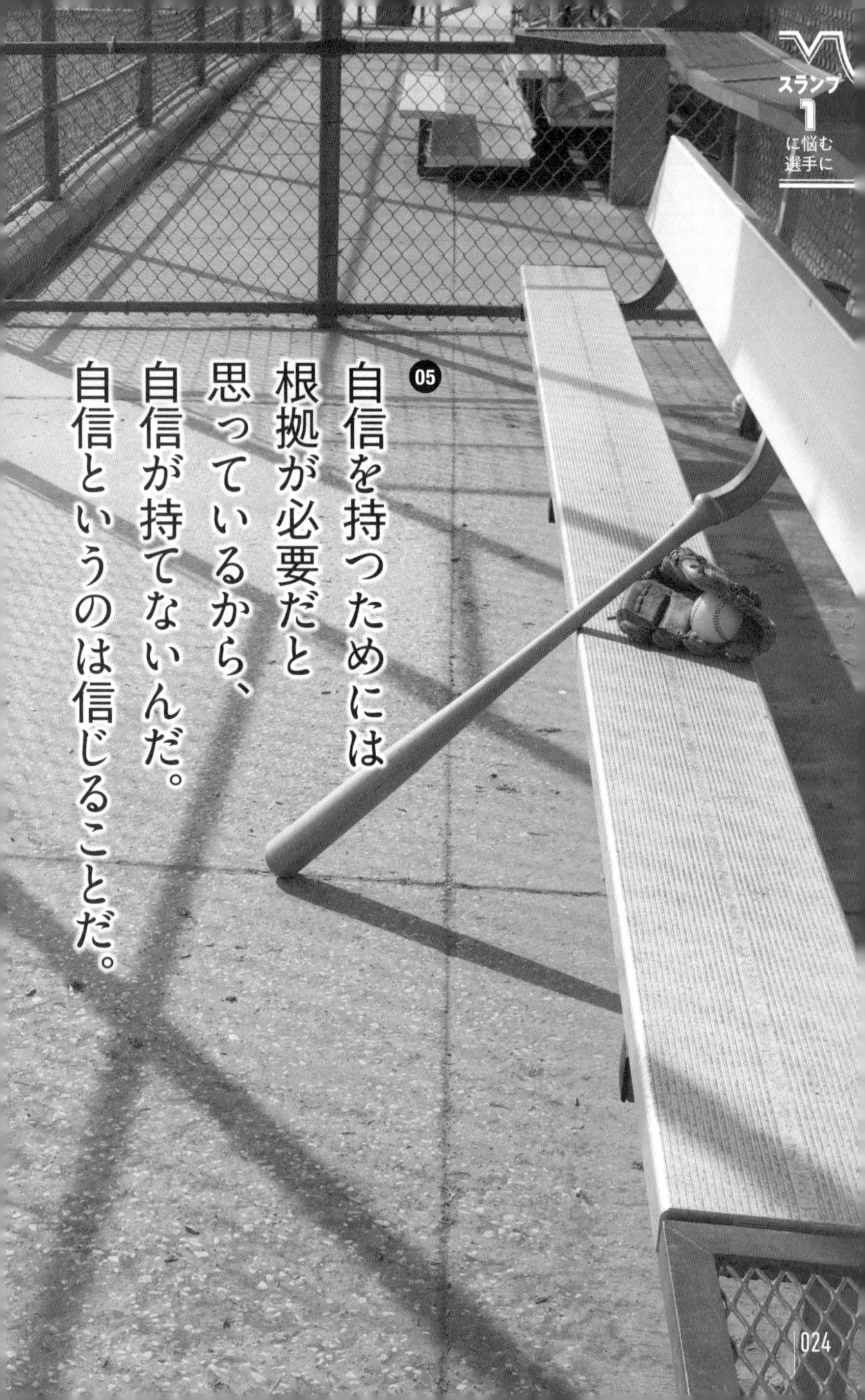

05

自信を持つためには
根拠が必要だと
思っているから、
自信が持てないんだ。
自信というのは信じることだ。

中学時代、野球部に所属していた。中学最後の大会の直前で、打撃の調子を落としてしまった。練習を疎かにすることはなく、これだけ練習しているのに、どうして打てないのかと苦しんでいた。そのような時に、顧問の先生が声をかけてくれた。顧問の先生は、一生懸命練習している姿を見ていてくれたのだと思う。顧問の先生の言葉によって、日々行っている練習は無駄ではないと信じることにした。すると少しずつ打撃が改善されていった。高校や大学時代も野球部に所属し、調子を落とすことがあったが、この言葉を思い出し助けられてきた。気持ちの支えになった言葉である。

（当時：中学三年男子）

選手の気持ち・指導者の気持ち

練習に熱心に取り組んでいるのに、なかなか成果が上がらない選手がいる。あるいは練習では優れたプレーができるのに、試合になると動きが鈍くなる選手がいる。この選手も、打撃練習にかなりしっかり取り組んでいるのに、全く打てずに苦しんでいた。

指導者は、この選手に欠けているものがわかっていた。それは自信である。熱心に打撃練習に取り組んではいるものの、自信がなさそうな雰囲気を選手に感じていた。いくら練習しても試合で結果を残していないので、打撃の力が身についたかどうかわからないとこの選手は思い込んでおり、そのため自信を持つまでに至らなかった。そこで指導者は、自信を持たせようと考え、選手に声をかけたのである。

指導者のメッセージは「たとえ根拠がなくても、自分ができるんだと信じることを自信と言うのだよ」というものである。つまり、根拠や理屈抜きで、実績がなくても自分を信じなさいということである。

この言葉から何を読み解くか ～自信を持つには根拠は必要ないことを伝える～

確かに、試合で活躍するなど成果が上がると、それが根拠となって自信を持つ場合がある。たとえば県大会に優勝すれば、それなりの自信を持つことができる。県大会で優勝することは、そう簡単にはできるものではなく、実力があるという根拠になるからである。しかし、自信を持つためには根拠が必要であるとすれば、県大会で優勝したからといって、全国大会で活躍できるという自信にはならない。県大会と全国大会ではレベルがかなり違う。全国大会で活躍できるという自信を持つためには、全国大会で活躍したという根拠が必要ということになる。

スポーツ心理学では、**自信**を持つためには、根拠は必ずしも必要ないことが指摘されている。たとえばイメージトレーニングでは、試合で自分の思うとおりに身体が動き、理想のプレーができている状況をリアルにイメージさせ、「試合で活躍できる」と自分に思い込ませる。簡単に言えば、イメージするだけで、自信をつけさせようとする。

自信とは、たとえば全国大会にこれまで出場した経験がない選手であっても、「全国大会でも、自分は活躍できそうな気がする」と自分を信じることをいう。自信とは、根拠に基づく「判断」ではなく、自分に対する「期待」である。根拠があれば、「期待しやすい」というだけの話であり、根拠がなくても自信を持つことは可能である。

活用する時のポイント

「自信を持つには根拠は必要ない」という言葉かけは、自信のない選手に対して用いると効果が期待できる。特に練習では優れたプレーができているが、試合になると成果が発揮できない選手が当てはまる。

なお一般的に「自信を持つには根拠が必要だ」と考えている選手が多いので、以下のように明確に表現しないと、この考え方は伝わらない危険性がある。

○ 好ましい表現

「根拠がなくても自信を持っていいんだよ。自分を信じてあげられることを自信というんだよ。」

……自信には根拠がなくてもいいことを明確に伝えている。

× 好ましくない表現

「根拠があることに越したことはないが、根拠がなくても、自分に自信を持つことが大切だ。」

……自信を持つには根拠があった方がよいというメッセージになっている。

関連例文▶教育場面No.14・ビジネス場面No.13

06

どれだけ練習しても、
試合で打つには自信を持たないといけない。
俺はここまでやってきたという
強い気持ちを持て。
もっと自分を信じろ。

小学校四年から野球を始め、高校でも甲子園を目指して頑張っていた。しかし他のメンバーよりも練習しているはずなのに、望んだ結果がなかなか出ず、焦り悩んでいた。どれだけ練習しても目標に到達できない自分が嫌いで、センスのかけらもないと思い込んでいた。その時、教育実習で高校に来ていた野球部の先輩に声をかけられた。先輩は、甲子園に出場した四番バッターだった。この日から自分に適した目標を立て、それに向かって努力していった。それから自分は見違えるように成長した。打席に立つときも、今までは緊張していたが余裕を持てるようになった。そして母が初めて応援に来てくれた練習試合の日に、ホームランを打った。自信のなかった自分でも、変わることができたことがうれしかった。

（当時：高校二年男子）

選手の気持ち・指導者の気持ち

他のメンバーよりも練習しているのに、成果が上がらないと焦るものである。これだけ練習しても成果が出ないのは、自分にセンスがないためと思い込む。そして自分に腹が立ち、やがて無気力になる。選手は、このような状態に陥っていた。

先輩は、この選手の気持ちをよく理解していた。甲子園の土を踏み四番バッターとして活躍した選手であるため、様々な苦労や挫折を体験していた。そしてその体験から、試合で活躍するためには努力だけでなく、自信も必要であることを知っていたのである。

この言葉から何を読み解くか ～自分に適した目標を持たせる～

先輩のメッセージは、「自分に適した目標を持ち、努力したことは自分で認めろ。それが自信につながる」というものである。つまり、まだ努力不足だと自分を否定せずに、やるべきことはやったと達成したことを認め、それについては自信を持てというのである。先輩の言葉の「俺はここまでやってきた」という表現は、「不十分ではあるが、自分で決めた目標までは達成できた」ということを意味し、自信につなげる大切さを示している。

一生懸命に練習に取り組む選手は、真面目な性格のゆえに、自分を否定的に受け止める傾向がある。「このぐらいの練習量ではだめだ」などと、自分の努力を認めようとしない。一般的には「自分はよく努力した」と満足するところ、「まだまだ足りない」と努力に対して否定的な見方をしてしまう。このように努力に対する評価が異なるのは、**目標水準**が異なるからである。つまり、自分に高い目標水準を課してしまうと、なかなかその目標水準の合格点に達することができないため、否定的な評価になってしまうのである。これではいくら努力しても、自信は生まれない。

先輩は、自分の能力や適性に釣り合いの取れた目標水準を設定して、自信につなげることの大切さを選手に伝えた。おかげで選手は自分の現状にあった目標水準を設定することができ、自信をつけていったのである。

活用する時のポイント

能力に応じた目標水準を設定するという言葉かけは、真面目に努力を重ねているが自信が持てない選手に対して用いると効果が期待できる。このようなタイプの選手は、「よい競技成績をあげるためには、高い目標を持つことが必要だ」などの信念を持っていることが多い。そのため、自分の能力や適性に適した目標水準を設定する重要性を指摘すると、自分の持っている信念を否定されたように感じる場合がある。「高い目標」を持つことはよいことであるが、自分に適した目標水準を設定しないと自信を持ちにくいことを明確に伝えることが大切である。

○ 好ましい表現

「高い目標を目指すことはよいことだが、自分のレベルに合っていないと達成できず自信が持てない。毎日わずかでも達成できたと感じられる目標がベストだよ。」

……選手の信念を否定せずに、適切な目標水準を持つように伝えている。

✕ 好ましくない表現

「高いレベルの目標を達成しないと競技成績が上がらないと思っているから、自信が持てないんだよ。自分に合った目標を設定すべきだよ。」

……選手の信念を否定してしまっている。

関連例文▼教育場面No.24・ビジネス場面No.14

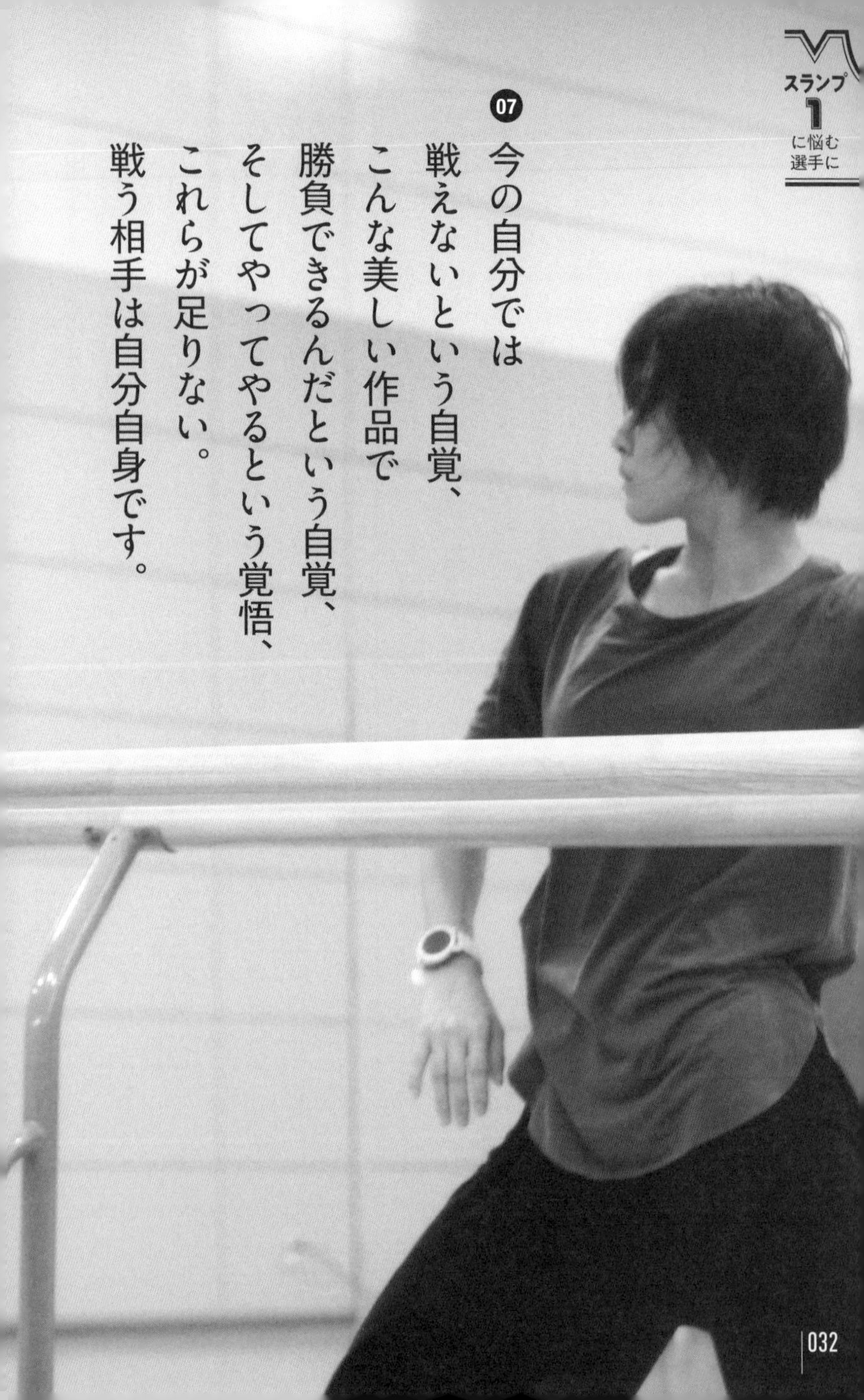

07

今の自分では
戦えないという自覚、
こんな美しい作品で
勝負できるんだという自覚、
そしてやってやるという覚悟、
これらが足りない。
戦う相手は自分自身です。

高校時代のダンス部。夏の全国大会前の練習がとても辛く、部活から逃げ出したくなっていた。辛いのは自分だけではないのに、自分のことしか考えられなくなっていた。そんな時先生から言われた言葉である。他の強豪チームは本気で試合に臨んでくるため、私たちが本気を出さない限り、そして自分自身に負けているようでは、勝つことはできないことに気がついた。この作品に対する自分たちの思いを再確認して、練習に励んだ。幸いこの大会では賞をもらうことができ、辛い練習であっただけに喜びは大きかった。

（当時：高校二〜三年女子）

選手の気持ち・指導者の気持ち

練習が厳しくなると、選手たちは身体的にも精神的にも辛くなり、余裕がなくなって自己を見失いがちである。自分たちの競技力はどのレベルにあるのか、何をやるべきなのかなど、全く考えられなくなる。指導者の言うがままに単に体を動かしているだけとなるうえ、大会が近づくにつれ焦りばかりが大きくなってくる。この選手も、このような状況に陥っていた。

指導者は、選手たちは一生懸命踊ってはいるものの、作品の表現力が乏しく、感動するものがないことが不満であった。そして選手たちが精神的な余裕をなくして、指導者の指示の通りに踊っているだけに過ぎない状況であることに気がついた。自分を取り戻し、主体的に考えて踊らなければ、よい作品は生まれない。選手に自覚を促すために、指導者はこの言葉を口にしたのである。

この言葉から何を読み解くか ～主体的に考えさせる～

指導者のメッセージは、「指導者の指示どおりに踊るのではなく、主体的に踊りなさい」というものである。つまり「どのような作品を作りたいのか」「この作品で何を表現したいのか」などを自分たちで振り返り、そしてそれを実現するためには、「今の自分に何が足りないのか」「自分は何をすべきか」などを考えなさいということである。このように主体的に取り組むことによって、作品に生命が吹き込まれ、豊かな表現が生まれる。

スポーツ心理学では、スポーツを行うことの動機や目的、自分にとっての意義などを振り返ることによって主体性が発揮され、それがバーンアウトの克服あるいは予防のために効果があることが報告されている。**主体性**が発揮される場合とは、たとえば指導者から指示された練習メニューをこなす時に、「この練習メニューはどのような効果があるのか」とか「どのように改良したら、この練習メニューはもっと効果が出るのか」などと、自分で考えて取り組む場合である。主体性が発揮されると、さらに効果が上がるように練習メニューを自分なりに工夫しようとする。逆に主体性が発揮されない場合とは、一生懸命取り組むものの、指導者の指示のままに練習メニューをこなすだけとなっていて、自分で考えて取り組んでいない場合である。これでは達成感ややりがいを十分に感じることなく、やがて燃え尽きて無気力になってしまう危険性がある。

指導者は、主体性を取り戻すように選手たちを促し、その結果選手たちは気持ちを新たにして、作品に取り組むことができたのである。

活用する時のポイント

主体性を取り戻す言葉かけは、一生懸命に練習に取り組むのだが、競技成績があまり向上しない選手に用いると効果が期待できる。このようなタイプの選手は、指導者の指示通りに練習メニューをこなすだけになっており、目的などを考えていないことから、ポイントを外した動作をしている可能性がある。そのため練習メニューを適切に実行できておらず、効果が上がっていない可能性が考えられる。

○ 好ましい表現

「なぜこの練習メニューに取り組むことが必要なのかを考えてごらん。そうすればもっと効果が上がるよ。」

……主体的に取り組むように促している。

✕ 好ましくない表現

「今日も、いつもの通り練習メニューを頑張っていこう。」

……練習メニューを単にこなすだけになりやすい。

関連例文▼教育場面No.31・ビジネス場面No.31

08

今回のミスをどう捉えるかで、
この先のお前の成長が変わってくる。
犯したミスは、
必ずまた同じ場面でやってくる。

中学時代の野球の市内大会で、ヒットが出れば逆転という場面で打席に入った。絶対に打つんだという気持ちが空回りして、とんでもないボールに手を出してしまい、空振り三振に終わった。気持ちを立て直すことができないまま、その後に守備に入ったが、エラーをしてしまった。もう精神はズタズタだった。そんな時に、試合後のミーティングで顧問から声をかけられた。その言葉を胸に、自分のミスを克服しようと、毎日前向きに練習に励んだ。中学校の最後の大会で、ヒットが出れば逆転という場面で打席が回ってきて、サヨナラヒットを打つことができた。

（当時：中学三年男子）

選手の気持ち・指導者の気持ち

大切な試合、大切な場面でミスをすることは選手にとって辛いことである。どうしてこんなミスをするのだろうと、自分を責める。この選手は、大切な試合で空振り三振、守備でのエラーというミスを重ねてしまい、かなり落ち込んでいた。

一方指導者は、ミスをした場合、その後の対処が重要であることを認識していた。ミスをした場合、いつまでもクヨクヨしていても仕方がないので、気持ちを切り替えていこうとする選手は数多く見受けられる。しかし単に気持ちを切り替えるだけでは、弱点は克服されないままであり、いずれ同様のミスを繰り返すことになる。それでは選手として成長はしない。そのため、対処の重要性を選手に伝えたのである。

この言葉から何を読み解くか ～楽観的な態度に注意させる～

指導者のメッセージは、「逃げないで、弱点を見つめて克服しろ」である。

スポーツ選手にミスはつきものであるが、この対処は意外と難しい。ミスは弱点の表現でもあるが、それを分析し克服することは、心理的には辛い作業だからである。誰でも自分に弱点があることは認識しているものの、それを見つめることには抵抗感があるため、「たまたま起こっただけ」などと、そのエラーやミスの重要性を低く見積もろうとする。

特にスポーツの世界では、ミスを後々まで引きずるとプレーに悪影響が出るため、気持ちの切り替えが重要視されている。もちろん気持ちの切り替えは大切であるが、自分の弱点から目をそらしてしまう言い訳にも利用されがちである。

心理学では、今後に生じるリスクを低く見積もり、事態はあまり悪化しないであろうと推測することを**楽観主義バイアス**と呼んでいる。試合中のミスに対して「気をつければ、ミスはもう起こらない」と考えることは、ミスが生じるリスクを低く見積もっていることになり、楽観主義バイアスの影響を受けていることになる。

この指導者は、ミスに対しては楽観主義バイアスが生じやすいので、しっかりと対処するように選手に伝えた。「犯したミスは、必ずまた同じ場面でやってくる」という指導者の言葉は、楽観主義バイアスを念頭に置いて、油断することを戒めたものである。この指導者の言葉によって、選手は、同様のミスをしないように練習に取り組み、最後の大会でよい結果を出すことができたのである。

活用する時のポイント

ミスの対処は、試合中と試合後では異なるので注意が必要である。

試合中にミスが起こった場合は、その後のプレーに悪影響が及ばないように、ミスのことは考えず、気持ちを切り替えるように指導することが重要である。試合中にミスの分析をしていたら、気持ちが落ち込み、プレーに悪影響が出てしまう危険性がある。

しかし試合が終わった後は、なぜミスが生じたのか、どのように対処することによってミスが防止できるか等について、しっかり振り返らせることが必要である。この時、同様のミスが生じるリスクを低く見積もりやすいので、楽観主義バイアスに陥らないように十分注意を促すことが大切である。

○好ましい表現

「ミスはたまたま起こったと誰もが軽視しやすい。しかしミスの原因を分析して克服することが上達につながる。」

……楽観主義バイアスに注意を促している。

×好ましくない表現

「ミスを引きずることなく、気持ちを割り切ることが大切だ。」

……楽観主義バイアスについて言及していない。

関連例文▶教育場面No.32・ビジネス場面No.32

09

悔しいか？
苦しいか？
今はそれでいいんだ。
苦しまずに成功した
人間はいないんだ。
ミスをすることで
自分の欠点を
知ることができたんだ。
それを一つずつ
克服すればいい。

高校時代に野球部に所属していた。自分のポジションには、以前から技術的にレベルの高い選手がレギュラーになっていた。自分はその二番手で、どうしてもレギュラーを取りたかった。そのため「ミスをしてはいけない」「結果を出さないといけない」など目先のことしか考えていなかった。試合でミスを連発した時、自分に対して怒りを覚えた。その時、コーチから声をかけられた。このコーチの言葉で、自分の考えていたことがどれだけレベルの低いことだったのかを知った。ミスをしたのがいけないのではなくて、ミスをした後が大事であるということを教えてくれた。その後の野球生活で、自分のメンタルの支えとなる言葉だった。

（当時：高校二年男子）

選手の気持ち・指導者の気持ち

レギュラーのポジションをどうしても取りたい。レギュラーになって試合で活躍したい。選手なら誰もがそう思うものである。そして必死になって自分の技術力を指導者にアピールする。試合に出る機会があれば、よい成果を残そうとする。指導者に認められるためには、ミスは許されない。ミスをすれば、自分の技術力を指導者に認めてもらうことができないからである。そのため、ミスをすることを極度に恐れるようになる。ミスをしてしまった場合には、自分を責めるようになる。このような状況に選手は陥っていた。

一方指導者は、選手がレギュラーのポジションを取ろうと必死になっていることを知っていた。顔つきや練習や試合に臨む姿勢から、その気持ちは伝わってきた。そしてこの選手がミスをしてはいけないと思い込むあまり、忘れていることにも気がついていた。それはミスから自分の弱点を分析し克服する姿勢である。自分の弱点を克服しなければ、選手として成長することはできない。レギュラーのポジションを取ることはできない。指導者は選手が忘れていたことを伝えたのである。

この言葉から何を読み解くか ～失敗不安をやわらげる～

指導者のメッセージは「ミスを恐れるな。ミスから学べば選手として成長できる」というものである。つまりミスから何かを学ぶことの重要性を指摘しているのである。

選手のなかにはミスを恐れる者が少なからず存在する。ミスを恐れることをスポーツ心理学では、**競技失敗不安**と呼んでいる。競技失敗不安が高い者は、試合になると体が硬直しやすくなり、実力を十分に発揮することができない。確かに試合で勝つためにはミスはしてはいけない。しかしミスそのものは、自分の弱点を教えてくれる重要なものである。どのような状況でどのようなミスが生じたかを分析することによって、自分の修正すべき弱点がわかり、それを克服することによって技術力が向上する。ミスには、選手として成長するための重要な情報が詰まっているのである。

この指導者は、選手が競技失敗不安に陥っていることを見抜き、そして選手として成長するためには、ミスから学ぶことが重要であることを伝えた。この言葉によって、選手は自分の考えが間違っていることに気がつくことができたのである。

活用する時のポイント

競技失敗不安を回避させる言葉かけは、失敗を恐れてビクビクしている選手に用いると効果が期待できる。こうしたタイプの選手は失敗を恐れるあまり、自分の実力を十分に発揮できていない可能性がある。そして失敗はいけないものだと信念を持っている場合もある。ミスがいけないのではなくて、ミスから学ぼうとしないことがいけない、ということを伝えることが大切である。

なお「ミスしてもいいんだよ」というメッセージは、あいまいになりがちなので、明確に表現することが大切である。

○ 好ましい表現

「ミスしても気にするなよ。そこから何かを学べばいいんだよ。」

……ミスしてもいいよというメッセージが示されており、競技失敗不安をやわらげることができる。

× 好ましくない表現

「ミスはしない方がいいけど、ミスしてしまったら反省すればいいんだよ。」

……暗にミスするなよというメッセージが示されており、競技失敗不安を持ちやすくなる。

関連例文 教育場面No.15・ビジネス場面No.19

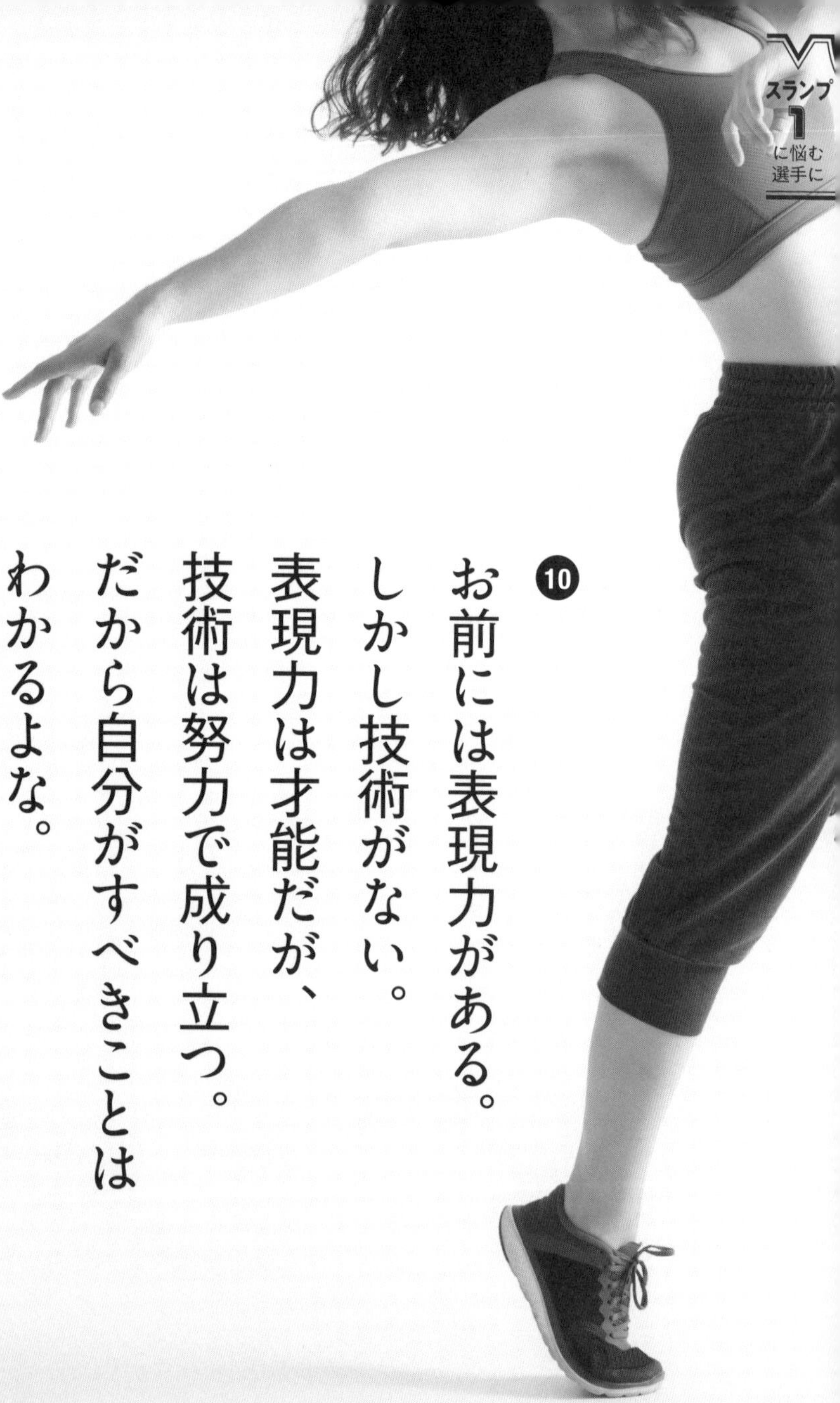

10

お前には表現力がある。
しかし技術がない。
表現力は才能だが、
技術は努力で成り立つ。
だから自分がすべきことは
わかるよな。

高校時代、ダンス部に所属していた。コンクールに出場するためのオーディションを何回も受けたが、メンバーに選ばれることはなかった。高校三年の最後の夏のコンクールには絶対に出場したいと思っていたが、無理だった。悔しくて、部活を辞めたいとまで思った。その時、先生に言われた言葉である。この言葉によって、このままではいけないと思い、自分がやるべき練習をすべてやった。その後、主役の一人がけがをして、最後のチャンスがめぐってきた。オーディションを受けたところ、メンバーに選ばれた。

（当時：高校三年男子）

選手の気持ち・指導者の気持ち

ダンス部に所属していても全員がコンクールに出場できるわけではない。部員が多い場合はオーディションを行い、合格した者だけがコンクールに出場できる。この選手は何回オーディションを受けても合格することができなかったため、コンクールに出場したことはなかった。せめて高校三年生の最後のコンクールには出場したいと思い、努力を重ねたが、結局オーディションに合格することはできなかった。その悔しい思いから、退部することさえも頭をよぎっていた。

一方指導者は、この選手は表現力が豊かであるが、技術力が不十分であることを見抜いていた。表現力は持って生まれた才能であり、努力しても身に付けるには限界があるが、技術力は、努力次第で誰でもある程度は身に付けることができる。この選手がオーディションに合格できないのは、技術力が不十分であることが原因であり、それは努力次第で身に付けることができることを、指導者は選手に伝えたのである。

この言葉から何を読み解くか ～意欲が出るように原因を定める～

指導者のメッセージは、「オーディションに合格できないのは、技術力の不足が原因である。技術力は努力すれば身に付けることができるので、後はあなたの努力次第だよ」というものである。つまり努力すれば、オーディションに合格できるということを指摘しているのである。

心理学では、何に原因を帰属させるかという理論を**原因帰属理論**という。たとえば試合でよい競技成績を出した場合、「運がよかっただけだ」と運に原因を求める者もいれば、「努力が実を結んだ」と努力に原因を求める者がいる。この場合、運に原因を求めた者と、努力に原因を求めた者では、次の試合に向けての意欲の程度が異なってくる。前者は、努力をしてもその時の運も競技成績に関係してくると考えるので、あまり意欲を高めない。後者は、努力次第ではもっとよい競技成績が出せる可能性があると考えるため、意欲を高める。このように、どこに原因を求めるかによって、その後の行動が違ってくるのである。

仮にこの指導者が、オーディションに合格できない原因を表現力に帰属させた場合は、努力しても表現力はなかなか身に付かないため、この選手がオーディションに合格する可能性はあまりないことになる。しかし、オーディションに合格できない原因を技術力に帰属させたため、選手が努力して技術力を身に付ければ、オーディションに合格する可能性が高くなる。

指導者がこのような原因の帰属のさせ方をしたため、選手は意欲を高めることができたのである。

活用する時のポイント

原因帰属理論を用いた言葉かけは、試合や練習でよいタイムを出しても、「偶然によい記録が出ただけ」などと、達成感を持てない選手に対して用いると効果が期待できる。このようなタイプの選手は「よいタイム」の原因を「自分の努力」に帰属させずに、「偶然」に帰属させている。そこで「よいタイム」の原因を、「自分の努力」に明確に帰属させて表現してあげることが必要である。

○ 好ましい表現

「よいタイムが出たのは、あなたの努力の結果だよ。」

……よいタイムの原因を努力に帰属させているため、意欲を高めることができる。

× 好ましくない表現

「偶然によいタイムが出たかもしれないので、もっと練習しておくように。」

……よいタイムの原因を偶然に帰属させているため、意欲が高まらない。

関連例文▶教育場面No.33・ビジネス場面No.09

11

人間は脳で
動いているんだ。
自分でどう動きたいのか、
もう一度イメージして考えろ。

高校時代のテニス部での最後の大会で、団体戦の選手に選ばれた。団体戦は、自分の勝敗がチームの勝敗に影響を与えるため、やりたくないと思った。そのような気持ちであったため、練習では成果が出ず、試合が近づくにつれ焦りで気持ちがどんどん落ちていった。その時に監督から言われた言葉である。監督から言われる通りにイメージしてみると、自分でもそのプレーができるような気がしてきて、気持ちが軽くなっていった。大会では無事勝ち上がることができた。今でも上手くできないときは、この言葉を思い出す。

（当時：高校三年女子）

選手の気持ち・指導者の気持ち

団体戦は個人戦とは異なったプレッシャーを選手に与える。自分の勝敗がチームの成績に影響を与えるからである。この選手は、自分の勝敗によってみんなに迷惑がかかってしまうと考え、団体戦に出場することに前向きな気持ちになれないでいた。そのため練習に集中できず、成果も上がらず、そして焦りがだんだん大きくなっていった。そんな悪循環に陥っていたのである。

一方指導者は、選手がプレッシャーのためにプレーに集中できないことがわかっていた。焦りがどんどん大きくなり、頭が混乱し、どのようなプレーをすべきなのかをつかめずにいたことを見抜いていた。そしてこの選手に今一番必要なのは、どのようにプレーしたらよいのかを理解し、それを明確にイメージすることであると考え、それを選手に伝えたのである。

この言葉から何を読み解くか ～具体的な動作をイメージさせる～

指導者のメッセージは、「どのようなプレーをすべきなのかを明確にイメージできれば、体が動いてくれる。イメージが曖昧なままだと、体は動いてくれない」というものである。脳の指令によって身体は動く。だから脳が指令を出せるように、具体的なプレーのイメージを脳に埋め込む必要があるということを指摘したのである。

この指導者は、簡単に言えばスポーツ心理学でよく用いられる**イメージトレーニング**をすることを勧めているのだが、重要なポイントを的確に指摘している。一般的に、イメージトレーニングというと、たとえば試合でよい成績を出すことができて、ガッツポーズをしている自分をイメージすると考えられがちである。しかしそれは、あがりやリラックスなどの生理的状態を変化させるためのイメージトレーニングである。ある動作をスムーズに行うためのイメージトレーニングとは、プレーの具体的な動作をイメージとして定着させることによって、身体がその動作をスムーズに行えるようにするものである。つまりあるイメージとある動作が対応することが必要である。したがってイメージする対象は、試合会場の風景や雰囲気ではなく、プレーの具体的な動作である必要がある。

指導者の言葉は、イメージトレーニングの大切なポイントを的確に表現していたため、選手は効果的なイメージトレーニングができ、それに伴ってよいプレーができるようになったのである。

活用する時のポイント

イメージトレーニングを効果的に行うためには、ある動作をスムーズに行うためのイメージトレーニングと、あがりやリラックスなどの生理的状態を変化させるためのイメージトレーニングとを区別することが重要である。それによってイメージする対象が異なる。ある動作をスムーズに行うためのイメージトレーニングのイメージの対象は、具体的な動作である。あがりやリラックスなどの生理的状態を変化させるためのイメージトレーニングのイメージの対象は、試合会場などの情景である。イメージする対象の違いに注意したい。

〇 好ましい表現

「相手のディフェンスを右から抜ける動作をイメージしてごらん。」

……イメージする対象が具体的な動作である。

✕ 好ましくない表現

「試合会場に入っても、落ち着いている自分をイメージしてごらん。」

……イメージする対象が具体的な動作ではない。ただしリラックスさせることが目的ならば、この表現でよい。

関連例文▶教育場面No.34・ビジネス場面No.33

失敗して落ち込んでいる子どもへ・1

01
試合でミスをしたことを気にしている選手に対して
【無条件の信頼を示して安心させる】

「ミスなんかで、お前に対する信頼は変わりはしない。ミスしてもいいから、これからも、のびのびとプレーしてこい。乗り越えられると思っている。」

関連▶本文No.03

02
クラスの仲間たちに自分から話しかけられず、悩んでいる生徒に対して
【率直な気持ちを表現する】

「先生も中学生の頃、気が小さくて友人に話しかけることが苦手だった。でも自然に話しかけられるようになった。だから、あまり心配しなくていいんだよ。」

関連▶本文No.12

03
中間試験でよい成績を取れず、落ち込んでいる生徒に対して
【レジリエンス(ストレスからの回復力)を身につける】

「中間試験では残念な結果だったな。でもショックを引きずらず、早く気持ちを立て直すことができた者が、期末試験でよい成績を取ることができるんだ。」

関連▶本文No.13

04
けがをして試合に出場できなくなった選手に対して
【ソーシャルサポートを意識させる】

「これまでみんなに支えてもらってきただろう。今度はお前がみんなを支える番だ。積極的に声を出してチームを盛り上げていこう。」

関連▶本文No.16

レギュラー
2
になれない選手に

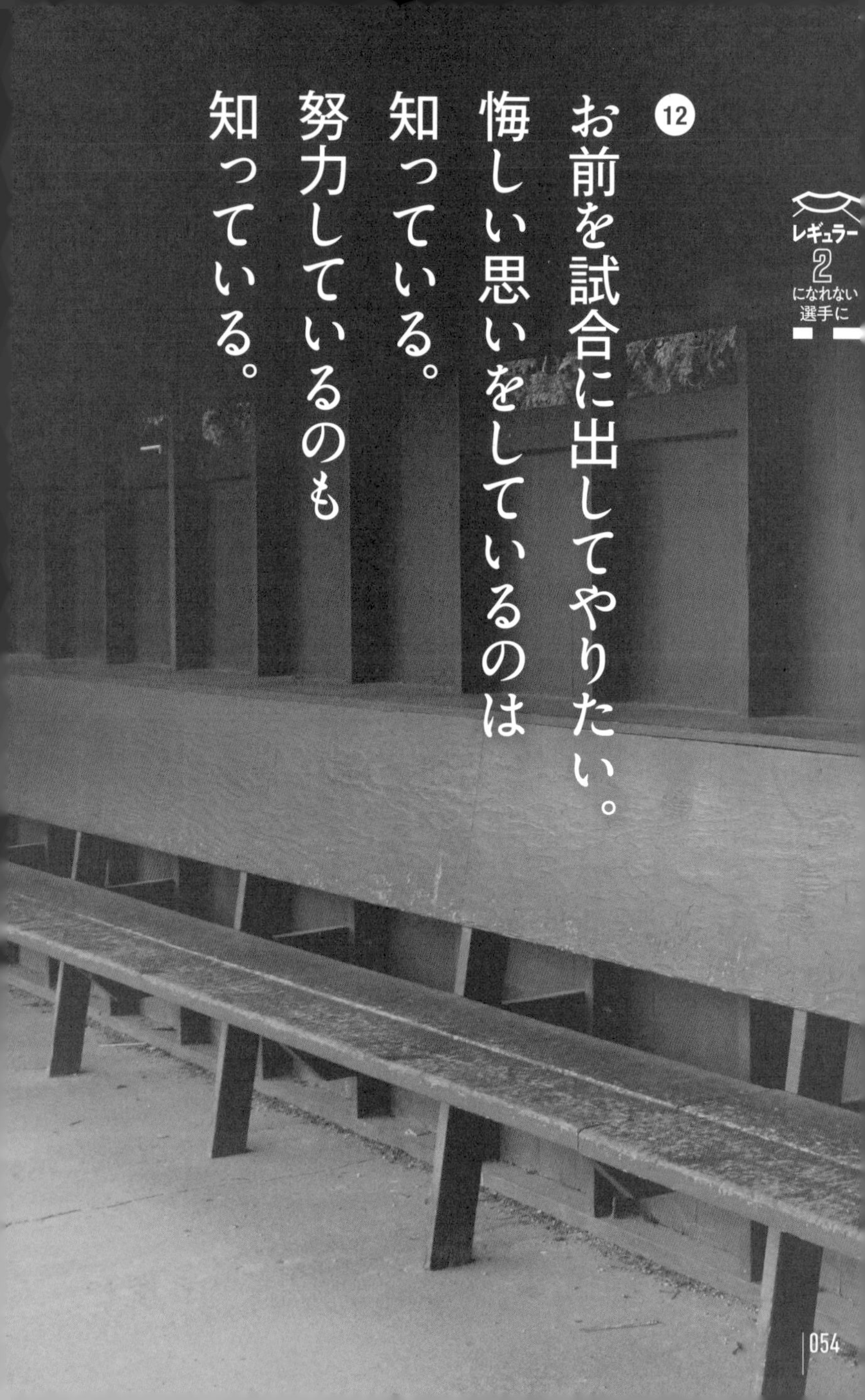

⑫

お前を試合に出してやりたい。
悔しい思いをしているのは
知っている。
努力しているのも
知っている。

小学校時代からずっとピッチャーをしていたが、高校三年時にイップスになってしまい、ストライクが入らなくなってしまった。するとコーチは外野手に転向することをすすめてきた。私は野手に転向し、朝練や夜練でひたすらバッティング練習をした。コーチの指導もあって技術は向上し、Bチームで四番を任されるようになった。しかし緊張すると思うようなバッティングができず、結局Aチームのメンバーに選ばれることはできなかった。コーチの期待に応えることはできなかったが、私を支えてくれたコーチの言葉だった。

（当時：高校三年男子）

選手の気持ち・指導者の気持ち

イップスとは心理的な要因によって、スポーツ競技のある動作ができなくなることである。ゴルフ、野球などのスポーツにおいてイップスが生じることが報告されている。プロの選手でもイップスに悩まされている。

この選手もイップスによって投球動作が困難となり、投手から野手に転向せざるをえなくなった。ポジションを変更すると、そのポジションでは初心者となるため、みんなに追いつくためにはかなりの練習が必要となる。この選手はコーチの指導を受けながら、野手としての練習に熱心に取り組んだ。その甲斐あって技術は向上したが、緊張しやすい性格のため、重要な場面ではヒットを打てず、レギュラーになることができなかった。そのため自分を一生懸命に指導してくれたコーチに申し訳ない気持ちになっていたのである。

一方コーチも、ひたむきに努力を重ねるこの選手を、なんとかして試合に出させたいと思っていた。しかしメンバーに選ばれることはなく、コーチとしても無念な思いを抱いていた。その心情を思わず素直に口から出したのである。

この言葉から何を読み解くか ～率直な気持ちを表現する～

指導者のメッセージは「お前は試合に出場することはできなかったが、私は、お前を試合に出してやりたかった」というものである。このメッセージには、指導者としての率直な葛藤が表現されている。「試合に出場するまでの実力がなかった」という現実的な認識がある一方で、「試合に出させたい」という気持ちが湧き上がり、対立している。

一般的にスポーツ指導者は、試合運びや選手の起用について迷いがあっても、選手に対して迷いを見せず、毅然とした態度を取る。厳しい勝負の世界では、スポーツ指導者が迷っている態度を見せると、選手は強気で試合に臨めなくなるからである。

カウンセリング心理学の分野では、自分の置かれた立場にとらわれることなく、素直な気持ちを表現することを**自己開示**と呼んでいる。自己開示によって、人間的な心情が表現されることになり、心と心の触れ合いが生じる場合がある。人はそこに人間味を感じる。この指導者の場合は、思わず自分の葛藤を口にしたことにより、素直な気持ちが選手に伝わり、選手は指導者のあたたかな気持ちに触れることができた。そしてこれまでの努力が報われたと思うことができたのである。

活用する時のポイント

指導者（上司・教師）は、時には立場や役割を降りて、自分の心を開いて本音で選手（部下・生徒）と語り合うなど、自己開示をした方がよい。上に立つ者は、立場上厳しい発言をせざるを得ず、そのため「厳しい」「怖い」イメージを抱かれがちである。つまり、指導者の優しい気持ちや暖かな気持ちは、選手には伝わりにくいのである。そうすると指導者の実際の人物像とイメージが食い違い、コミュニケーションが円滑に進まないことも生じる。したがって、時には立場や役割を降りて、自己開示をした方がよい。

ただ自己開示といっても、成功体験を話すと単なる嫌みに受け取られ逆効果である。苦しみや葛藤あるいは弱音、失敗体験を話して弱点を見せると、人間味が伝わりやすくなる。

○ 好ましい表現

「報告書がうまく書けなくて、部長から書き直せって言われちゃったよ。」

……失敗体験を自己開示しており、部下が親しみを感じやすい。

× 好ましくない表現

「報告書がうまく書けていると、部長から褒められちゃったよ。」

……成功体験の自己開示のため、部下に嫌みに受け取られる危険性がある。

関連例文▶教育場面No.02・ビジネス場面No.02

⑬

ここで腐るやつはいらない。
俺は、お前がメンバーとして
ピッチを走っている姿が見たい。
乗り越えて上まで登って来い。

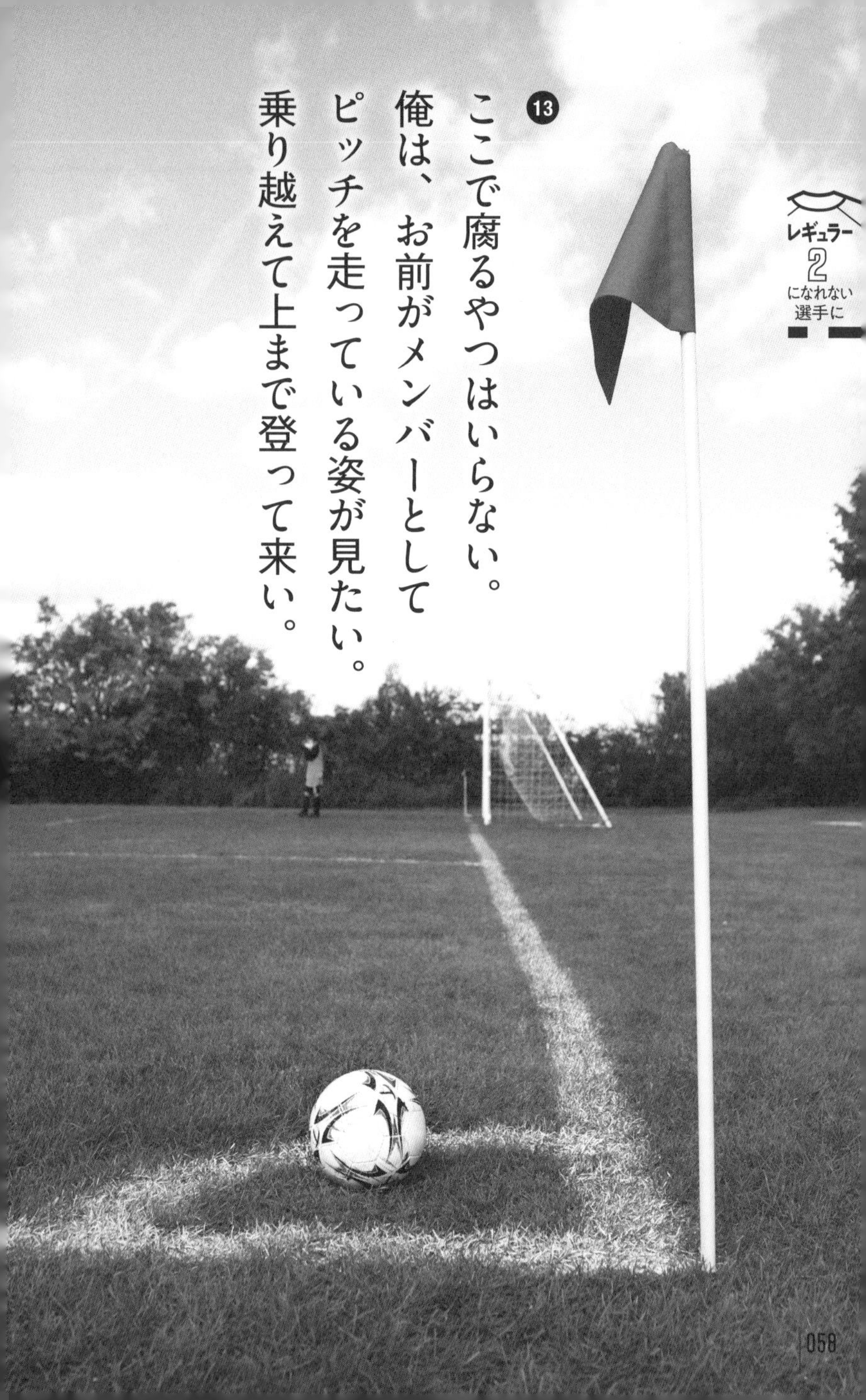

中学校時代に所属していたサッカーチーム。必死に練習したが、他の選手にポジションを奪われるなど成果を上げることができなかった。一生懸命努力しても、監督は自分のことなんか見ていないんだと思ってふてくされていた時、監督からかけられた言葉である。この言葉によって、意欲を回復させて頑張ることができた。結局レギュラーにはなれなかったが、あの時の自分と、そしてこれからの自分を支えてくれる言葉になった。

（当時：中学三年男子）

選手の気持ち・指導者の気持ち

自分では頑張っているつもりであるが、成果を残すことができないと精神的にはかなり辛い。特に他の選手にポジションを奪われると、プライドも傷つく。そして苛立ちが指導者に向けられ、指導者は努力を評価してくれていないと考え、ふてくされてしまいがちである。

一方指導者は、レギュラー争いにもまれ、その厳しさ、悔しさを乗り越えた選手こそが、厳しい試合でよい働きができることを知っていた。チーム内のレギュラー争いでさえ精神的に乗り越えられないのであれば、他のチームとの厳しい戦いを勝ち抜くことができないからである。だから指導者は、レギュラー争いに負けないで、それを乗り越えることを期待する。指導者が求めているものは、レギュラーから落とされても、気持ちを立て直し、そこから這い上がっていこうとする回復力である。

この言葉から何を読み解くか ～レジリエンス（ストレスからの回復力）を身に付ける～

指導者のメッセージは、「苦しい状況に陥った時、それに負けてふてくされず、自分の気持ちを早期に立て直すことができる者こそがレギュラーになれる。それを目指せ」というものである。つまり大切なことは、精神的なショックからの回復力であることを示している。

健康心理学の分野では、ストレスからの回復力をストレスの**レジリエンス**と呼んで重視している。ストレスに強い者とは、困難な状況に陥って落ち込んでも、早期に回復することができる者である。一般的には、困難な状況に陥っても平然とした態度を取れる者、つまりストレスを感じない者がストレスに強いというイメージがあるかもしれない。しかし現代社会はさまざまなストレスがあるため、メンタルを鍛えても平然としていられることはあり得ない。したがって、ストレスを受けても早期に回復できる力、レジリエンスが重要視されている。

この指導者は、レギュラーになるためにはストレスのレジリエンスを身に付ける必要があることを伝えている。レギュラーから外されて落ち込まない選手はいない。しかし重要なことは、その落ち込みから早期に回復することであると、この指導者は選手に伝えているのである。

この言葉により、選手は、大切なのは精神的なショックから立ち直る力であることを理解し、モチベーションを回復させることができたのである。

活用する時のポイント

ストレスのレジリエンスを用いた言葉かけは、自分はストレスに弱いと思い込んでいる選手に対して特に効果が期待できる。ストレスに強い者とは、一時的に落ち込んでも、そこから早期に回復できる者であるということを教えてあげると、ストレスに弱いという自己イメージを変えられるかもしれないと思い、頑張り始めるからである。

また、最初に「落ち込んでもいいんだよ」というニュアンスの表現を入れて、落ち込んでいることは否定せず、受け入れてあげることが大切である。

○ 好ましい表現

「何回でも落ち込んでいいんだよ。何回でも立ち直ればいい。」

……落ち込んでもよいことを伝えている。

× 好ましくない表現

「また落ち込んでいるのか。まあ、早めに立ち直れよ。」

……落ち込むことはよくないという印象を与えやすい。

関連例文 ▶ 教育場面No.03・ビジネス場面No.10

⑭

努力は報われるとは限らないが、
はじめから諦めて努力しなかったら、
結果は何も変わらない。

Ververidis Vasilis / Shutterstock.com

私は中学校からバレーボールを始めた。初心者は私だけであったので、試合に出場する機会はなく、ずっと審判ばかりしていた。私一人だけ見放された気分になり、諦めている自分がいた。ある日の練習試合、私は審判をやりに行こうと思っていた時、監督に呼び出されてこのように言われた。これを聞いた時、うれしさよりも、絶対見返してやるという怒りの気持ちが大きかった。この言葉によって私の行動が変わり、ハードな練習をするようになった。その後チャンスが回ってきて、私は試合に出場することができた。今考えてみると、私の心に火を付けてもらった言葉であり、感謝している。

（当時：中学二年女子）

選手の気持ち・指導者の気持ち

レギュラーになるために、選手はさまざまな思いを胸に抱きながら努力を重ねる。ただその努力が実を結ばないと、気力が失われ、諦めて現実に甘んじるようになる。この選手も努力を重ねてきたが、試合に出場するチャンスに恵まれず、諦めてしまっていた。選手であるにもかかわらず、審判をすることが自分の役割であるかのようになっていたのである。

指導者は、選手の態度から、試合に出場することを諦めかけていることに気がついていた。その一方で、諦めかけている自分に対して嫌悪感を持っていることにも気がついていた。「私も試合に出場したい」という思いは、この選手の心の中でくすぶり続けていることを知っていたのである。そのため、このような言葉を選手に投げかけたのである。

この言葉から何を読み解くか ～信念を振り返らせる～

指導者のメッセージは、「努力しないと結果は変わらないという信念を持て」というものである。

臨床心理学では、人々の行動や考え方には**信念**が影響を与えていると考えている。たとえば幼少期に親や教師から「物事を始めたら、最後までやり遂げなければならない」と教えられた場合、この教えが心に残り、いつしか価値観や信念となって、その後の人生に無意識的に影響を与える。たとえば中学校で部活動に入り、練習が厳しくて退部したくなっても、この無意識的な信念によって退部しないで頑張ることになる。

この選手は、試合に出場するチャンスが巡ってこないことから、「努力は報われるとは限らない」という信念を持つに至った。そして「努力してもどうせ私なんか……」と思い、試合に出場することを諦めかけてしまったのである。

指導者は、この生徒の「努力は報われるとは限らない」という信念を否定はしなかった。確かに、努力が必ず報われるほど世の中はあまくない。しかし試合に出場するためには、別の信念を持つ必要がある。それは、「努力しなければ何も変わらない」という信念である。努力を開始しなければ、いつまでも試合に出場できない。「努力は報われるとは限らない」ことは正しいが、「努力しなければ何も変わらない」ことも、また正しい。

指導者からこのように指摘されて、選手は新しい信念を受け入れた。そして試合に出場するために、意欲を回復させることができたのである。

活用する時のポイント

人々の行動や考え方に影響を与える信念は、幼少期からの体験によって形成されることが多く、無意識化されていることもある。いわば血となり肉となっているのである。その信念を他者から否定されると反発することが多い。そのため不適切と思われる信念を持っている場合には、否定せずに再考を促す感じで働きかけることが大切である。

○ 好ましい表現

「優秀なアスリートは、常に勝ち続けるものだという信念があるようだけど、格下の選手に一回だけ負けたという事実から、自分は優秀ではないと判断できるのかな？」

……信念を考え直すように促している。

× 好ましくない表現

「競技力のあるアスリートは、常に勝ち続けるものだという信念があるようだけど、おかしい考えだよね。」

……信念を否定しているので、反発される危険性がある。

関連例文▶教育場面No.09・ビジネス場面No.11

15

頑張ってきたお前を
出場させたかったが、
ごめんな。
だけどお前がいなかったら、
このチームが
インターハイに
来ることはなかった。

高校三年生の最後のインターハイ。リレーの候補者には選ばれたものの、試合に出場できず、補欠であることはわかっていた。しかし頑張ったら出場できるかもしれないと思い、本当に毎日練習を頑張っていた。試合の前日にメンバーの発表があり、やはり私は選ばれなかった。すごく悔しくて、努力が足りなかったのだと自分を思い切り責めていた。出場前日の夜、指導者が声をかけてくれた。自分が今まで努力してきたことを見ていてくれたことがわかり、うれしさと達成感を感じた。そしてメンバーには選ばれなかったけれど、他のメンバーと一緒に練習してきたことはきっと意味があったんだと思うことができ、ここまで努力してきて本当によかったと思うことができた。

（当時：高校三年女子）

選手の気持ち・指導者の気持ち

スポーツ選手は、簡単にはメンバーに選ばれることを諦めない。これまでの実績からライバルに負けていても、最後まで希望は持ち続ける。密かに闘志を燃やし、激しい練習を積み重ねる。それだけにメンバーに選出されなかった時のショックは大きい。自分のこれまでの練習は意味がなかったとさえ思えてくる。この選手も、そんな思いにとらわれて苦しんでいた。

一方指導者は、この選手の努力を評価していた。できることなら試合に出場させたいとも思っていた。ただ指導者が評価していたのは、選手の努力だけではなかった。激しい練習ぶりやその気迫がチーム全体によい刺激を与え、他の選手の競技力向上に繋がっていたことも評価していたのである。試合に出場できなかったものの、この選手の努力は、決して無駄ではなかったということを指導者は伝えたのである。

この言葉から何を読み解くか ～チームには相互作用があることを伝える～

指導者のメッセージは、「個人競技であっても、お前の行動がチーム全体によい影響を与えていたよ」というものである。つまり陸上競技のような個人競技であっても、一人の選手の頑張りがチーム全体によい影響を及ぼすことがあるということを示している。

心理学では、メンバー同士が影響を与え合うことを**相互作用**と呼んでいる。たとえばある選手の努力が他の選手の刺激となり、そしてその選手の努力がさらに他のメンバーの刺激となって、みんなが一層努力を重ねることがある。チームとは、一人ひとりの選手が単に集まっている集団ではなく、各選手が密接に影響を与え合っている集団である。そのため、チームの雰囲気次第で、個々の選手の能力が十分に発揮されることもあれば、発揮されないこともある。

この指導者は、チームに相互作用が生じるため、個人競技であってもチームで頑張るものだということを選手に伝えた。この言葉によって、選手はチームに貢献することができたと思い、自分の努力は報われたと感じることができたのである。

活用する時のポイント

チームには相互作用があるという考え方は、レギュラーになれず、自分の存在意義を希薄に感じている選手に対して用いると、効果が期待できる。レギュラーになれなくても、選手たちがお互い刺激し合って成長することを理解し、自分の存在意義を確認することができるからである。

この考え方は、一言で言えば「みんなで頑張ることの大切さ」を意味している。厳しい練習は、一人では困難であるが、みんなと一緒にやれば乗り切れる。刺激し合い、励まし合うことによって、チームに相互作用が生じ、困難な課題であっても達成することが可能になる。各メンバーの持っている普段の実力以上のものが発揮される。しかもみんなと一緒に苦しむことは、「楽しい」のである。

○好ましい表現

「厳しい練習だから、励まし合いながら頑張るんだぞ。」

……チームの相互作用を促している。

×好ましくない表現

「厳しい練習だから、やり遂げた者から休憩に入っていいぞ。」

……チームに相互作用が生じにくい。

関連例文▶教育場面No.35・ビジネス場面No.34

失敗して落ち込んでいる子どもへ・2

05

自分のエラーによって試合に負けたと自分を責めている選手に対して
【責任を外在化する】

「お前がエラーをしなくても、誰かがエラーをして試合に負けたと思う。試合に負けた責任はチーム全体にある。」

関連▶本文No.17

06

重要な試合に負けた後の監督の発言
【バランスの取れた情熱を持つ】

「勝ちたかった試合に負けてしまい、お前たちのプレーに俺は腹が立った……。しかし、一番の責任は監督である俺にある。」

関連▶本文No.19

07

大切な試合に負けて、チームの雰囲気が暗くなっている時キャプテンに対して
【役割を演技する】

「悔しい気持ちはわかるが、キャプテンはみんなを引っ張る必要がある。みんなよりも少しだけ早く気持ちを切り替えて、みんなの気持ちを前向きにして欲しい。」

関連▶本文No.31

08

試合に負けてしまった後のミーティングで選手たちに対して
【挫折体験に肯定的な意味づけをする】

「試合には負けてしまったが、諦めずに最後まで練習の成果を出そうとしていた。この経験は大きい。次の試合ではよい結果を残せると思う。」

関連▶本文No.40

けが3に苦しむ選手に

16

けがで出場できないことを
悔やむな。
外からでもチームのために
できることがある。
みんなを支えろ。

高校時代、バレーボール部だった。全国大会のために技術を磨くことに必死になっていた。しかしけがをしてしまい、試合に出場できなくなってしまった。自分の技術がどこまで通用するか挑戦したかったのに……。そんな思いを抱えていたため、自分のチームを素直に応援することができなかった。そんな私に、全国大会の当日、コーチが声をかけてくれた。この言葉によって考え方が変わった。試合に出ることがすべてではない。できることはたくさんある。コーチの言葉によって、周囲がどれだけ支えてくれて自分が動けていたかを知ることができた。

（当時：高校三年女子）

選手の気持ち・指導者の気持ち

けがをすると、試合に出場することを断念せざるを得ないという絶望感に陥ってしまう。また目標の実現に向かって厳しい練習を耐えてきたが、その目標が急になくなってしまったという深い喪失感にもとらわれる。そのため、試合に出場するメンバーを率直に応援する気にもなれない。この選手もけがによって、そのような絶望感、喪失感に襲われていた。

指導者は、けがをした選手の絶望感、喪失感はもちろんわかっていた。ただその一方で、けがをして第一線から離れることは、競技人生からみればよい経験になることもわかっていた。チームは試合に出場する選手だけでは成立しない。試合に出場しない選手やマネージャーなどのサポートがあってはじめて成立するものである。試合に出場する選手は、このことがなかなか実感として理解しにくい。しかしけがなどによってサポートする立場になってはじめて、これらのサポートがあってこそチームが成立することを実感できる。指導者は、このことを選手に伝えたのである。

この言葉から何を読み解くか ～ソーシャルサポートを意識させる～

指導者のメッセージは、「今度はけがをしたお前がみんなを支える番だ。だってこれまでみんなに支えてきてもらっただろう」というものである。目標達成に向けて努力することに集中することができたのは、マネージャーやけがをして練習ができない選手のサポートがあったからであることを指摘し、さらに今度はみんなを支える役割を取ることが大切であることを伝えている。周囲の者を支援することを**ソーシャルサポート**と呼ぶが、この指導者は、スポーツにおけるソーシャルサポートの重要性を指摘したのである。

スポーツ心理学では、けがなどの挫折から立ち直るきっかけとして、気持ちの割り切りが重要であるとされているが、それ以外にも周囲の人たちとの信頼関係が大切であることも指摘されている。チームメイトに支えられることで、挫折を克服しようとする積極的な意欲、主体的な姿勢が生まれてくるのである。

指導者は、けがから精神的に立ち直るためには、周囲の人たちとの信頼関係が重要であること、つまりソーシャルサポートの重要性を指摘した。

この言葉によって、選手はこれまで自分が周囲から支えられていたことを理解し、今度はみんなを支えようと気持ちを切り替えることができたのである。

活用する時のポイント

ソーシャルサポートの重要性を指摘する言葉かけは、けがなど挫折体験を経験した選手に対して用いると効果が期待できる。こうしたタイプの選手は、その苦しさを一人で抱え込んで悶々としてしまいがちである。

なお、挫折体験をした選手を孤立させないためには、チーム内で何らかの役割を与え、積極的に周囲のメンバーと交流させることが大切である。役割を通してメンバーと話し合い、交流が促進されやすくなるからである。

○ 好ましい表現

「リハビリが終わったら、マネージャーの補助の仕事を手伝うように。けがについての不安な気持ちも話すといい。」

……メンバーとの交流を促進している。

× 好ましくない表現

「チームのためにできることをやってください。」

……役割が曖昧なので、メンバーとの交流が滞る危険性がある。

関連例文 ▶ 教育場面No.04・ビジネス場面No.03

17

みんなのために、
こいつが代表して
けがをしてくれたんだ。
だからこいつの
悔しい気持ちの分まで、
みんなで勝つぞ。

高校の冬季バレーボール大会前の練習で、けがをしてしまった。チームのみんなに迷惑をかけて申し訳ないという気持ちと、みんなと一緒に戦うことができなくなってしまった悔しい思いを感じながら、すごく落ち込んで病院から帰ってきた。その時に顧問がみんなの前で言ってくれた言葉である。この言葉のおかげで自分をあまり責めることなく、前向きにけがと向き合うことができた。私の心の隅にずっとあたたかく残ってくれている言葉であり、その後けがをしても、まずはけがを治すことに専念しようと思わせてくれる言葉だった。

（当時：高校二年女子）

選手の気持ち・指導者の気持ち

試合の直前にけがをしてしまった選手が特に気にすることは、自分が試合に出場できなくなることによって、チームに迷惑をかけてしまうということである。チームの戦力がダウンすることもあれば、代わりのメンバーが試合に出場してもチームプレーがうまくできないこともある。いずれにせよ、自分の責任である。けがをしなかったならば、こんなことにはならなかった。選手は、このような思いを抱え苦しんでいた。

一方指導者は、けがをした選手がチームに迷惑をかけたと自分を責めていることや苦しんでいることで、チームの雰囲気が暗くなっていることに気がついていた。このような状況では戦えない。けがをした選手の気持ちを支えて立て直させ、そしてチームの雰囲気も盛り上げていく必要がある。そのため指導者は、表現を工夫してこのような言葉をみんなにかけたのである。

この言葉から何を読み解くか ～責任を外在化する～

指導者のメッセージは、「そんなに自分を責めるなよ」というものである。しかし、けがの責任は選手にあることは否定できない。そこでこの指導者が用いた特別な表現が、「こいつが代表してけがをしてくれた」という部分である。この表現を用いることによって、「みんなのためにけがをしたので、この選手だけに責任があるわけではない」あるいは「けがをした責任は割り引いて考えるべきだ」というニュアンスを醸し出し、選手の自責の念をやわらげようとしている。

臨床心理学では、責任感を強く意識することによって悪影響が生じる場合、その責任感をやわらげる介入技法があり、それを**問題の外在化**と呼んでいる。外在化とは、責任を本人以外の外的なものに割り当て、本人の責任の割合を低下させることによって、気持ちを楽にさせようとすることである。たとえば不登校がちの小学生が、学校に登校できない責任を強く感じて自分を責めると、ますます登校できなくなる場合がある。この場合、「あなたには責任はない。責任は、胃の中にいる悪い虫にあるのよ」と意味づけ、児童の気持ちを楽にするやり方がある。つまり不登校の責任を、この児童の「心」ではなく、「胃の中にいる悪い虫」という擬人化された外的なものに押しつけるのである。

この指導者は、けがの責任を明確には外在化させていないが、この選手以外の何かに責任があるかのようなニュアンスを出すことによって、選手が責任を感じ過ぎないように工夫をした。この言葉によって、選手はチームに迷惑をかけたという気持ちをやわらげることができたのである。

活用する時のポイント

問題の外在化の技法は、けがをすることによりチームに迷惑をかけたと責任を強く感じている選手、自分のエラーによって試合に負けてしまったと落ち込んでいる選手に対して用いると効果が期待できる。外在化のポイントは、けがやエラーの責任を〝うっかり虫〟などの擬人化されたものに押しつけることである。自分を責める者にとっては、他者からこのように表現してもらえるだけで気持ちを楽にすることができるようになるものである。

○ 好ましい表現

「お前のミスは、〝うっかり虫〟の仕業だな。練習の疲れが溜まっていたので、〝うっかり虫〟が顔を出してミスを誘ったんだ。」

……〝うっかり虫〟に責任を外在化している。

× 好ましくない表現

「お前のミスは、監督の責任だ。お前にこのポジションを任せたのだから。」

……責任の外在化は、責任転嫁ではない。実在する人物の責任にしてはいけない。

関連例文▶教育場面No.05・ビジネス場面No.04

18

けがをしたからって
諦めたら終わりだ。
ここで立ち上がるチャンスを
神様が与えてくれた。
諦めなかったら、
きっと道は開ける。

Princess_Anmitsu / Shutterstock.com

中学三年生の陸上の夏季大会の直前に、足に痛みを感じて病院に行くと、肉離れなので練習はできないと言われた。その時絶望的になって目の前が真っ暗になった。練習に参加できず、座ってストレッチをしていた時に、監督から言われた言葉である。この言葉によって、私の心に火が付き、自分との戦いだと強く思って、諦めずにリハビリに専念した。その結果、最後の大会ではメンバーに選ばれることができた。この言葉がなかったら、諦めていたと思う。

（当時：中学三年女子）

選手の気持ち・指導者の気持ち

けがは選手にとって悲劇である。よい競技成績を残そうとこれまで努力をしてきたにもかかわらず、試合に出場できず、努力が無駄になってしまうと感じられるからである。そのためけがをすると精神的に落ち込み、自暴自棄になってしまう選手も見受けられる。この選手も目の前が真っ暗になるほど落ち込んだ。絶望的な思いを抱えながら、練習に参加できずにストレッチをしていた時に、指導者からかけられた言葉である。

一方指導者は、けがをした選手の複雑な気持ちを理解していた。けがをした選手は、十分なストレッチをしなかった自分を責めたり、接触プレーをしてきた対戦相手を恨んだりするなど、後ろ向きな気持ちが支配するものである。そしてこれまでの努力が無駄になったと感じ、絶望感に陥ってしまう。けがは辛いものではあるが、少しでも積極的な意味を見出し、前向きにさせようとして、この言葉をかけたのである。

この言葉から何を読み解くか ～リフレーミングで肯定的な見方に変える～

指導者のメッセージは、「お前にけがをさせたのは神様だ。お前がこの試練を乗り越えられるかどうか、神様が試している」というものである。この「神様がけがをさせた」という表現に、指導者の工夫が読み取れる。

まず、けがの原因を作ったのは神様であると意味付けしている。神様にけがの責任を負わせることによって、自分や相手を非難することをやめさせたのである。さらにけがは悲劇ではなく、チャレンジすべき試金石（試練）という意味付けもしている。けがは神様が与えた試練であり、この試練を乗り越えるかどうか試していることにして、意欲を奮い立たせようとしたのである。

心理学では、このように意味付けを変えることを、**リフレーミング**と呼んでいる。物事を認識する枠組み（フレーム）を再構成させ、物事の意味付けを変化させるということである。たとえば「自分は飽きっぽい性格だ」と否定的な見方をしている者に対して、そうではなくて「好奇心旺盛で、すぐ他のことにも興味を持つ性格だ」と肯定的にリフレーミングしてあげると、気持ちが楽になる場合がある。

この指導者は巧みにリフレーミングすることによって、けがを「立ち上がるチャンス」に変化させ、選手の気持ちを前向きにさせたのである。

活用する時のポイント

リフレーミングは、物事を否定的に考えがちな者に対して用いると効果が期待できる。リフレーミングによって、物事は否定的にも肯定的にも見ることができる、ということが理解できると、自分の苦しんできた否定的な側面は、一義的な見方に過ぎないことがわかってくる。そして自分は偏った見方しかできていなかったことを理解し、不安や心配の気持ちをやわらげることができるのである。

なおリフレーミングは、相手とは別の見方を提示することなので、押しつけると反発される危険性がある。断定せずに、「～かもしれないね」のように曖昧な表現を用いることが大切である。

○ 好ましい表現

「あなたは、優柔不断ではなくて、慎重に考えるタイプかもしれないね。」

……断定せず、曖昧な表現を用いている。

✕ 好ましくない表現

「あなたは、優柔不断ではなくて、慎重に考えるタイプと言える。」

……断定的な表現なので、反発される危険性がある。

関連例文▶教育場面No.16・ビジネス場面No.35

19

動けるか？
お前を試合に出したい。
お母さんに
連絡させてくれ。

高校時代、私はハンドボール部に所属した。高校三年の夏の地区予選の初戦で、私はけがをしてしまった。診断は完治一ヶ月だった。チームはその後勝ち進み、決勝戦まで進むことができた。私のけがの二週間後のことだった。決勝戦のアップ前に、突然監督から呼び出されてこのように言われた。その時、監督の気持ちがすごく伝わってきた。最後の公式戦で、一番勝ちたいと思っているのは、この監督なんだと思った。監督の言葉を聞いて、これまで苦しい思いをしてきたが、それ以上にここまで頑張ってきてよかったと思った。試合に出場したが、難なくプレーすることができ、優勝することができた。試合が終わった時は涙が止まらなかった。

（当時：高校三年女子）

選手の気持ち・指導者の気持ち

高校三年の夏の大会の決勝戦。指導者は迷っていた。「この試合にどうしても勝ちたい。そのためには、あの選手を出場させる必要がある。あの選手ならば、優れた能力を発揮してくれるはずだ。しかし二週間前にけがをしている。けがをしているのに、無理して出場させるわけにはいかない。ただ、最近のウォーミングアップの状態を見ていると、回復が早いようだ。試合に出場できるのではないか。」指導者の胸の内では、選手を出場させて試合に勝ちたいという気持ちと、けがをしているので無理をさせられないという気持ちが戦っていた。そして指導者は、母親に了解が得られたら、この選手を試合に出場させようと決断し、選手に伝えたのである。

おそらく、指導者の言葉に選手は驚いたであろう。けがをして二週間しか経過しておらず、試合に出場することはまったく念頭になかったからである。しかし、指導者の言葉からは、試合に勝ちたいという情熱が伝わってきた。また、それほどまでに自分の競技力を認めてくれていることもわかった。この指導者のためにも、試合に出場して勝ちたいと選手は思ったのである。

この言葉から何を読み解くか ～バランスの取れた情熱を持つ～

指導者のメッセージは、「俺は試合に勝ちたい。そのためには、お前の力が必要なんだ」である。試合に勝ちたいという指導者の強い情熱が示されており、選手の気持ちを動かしている。ただし重要なのは、この指導者は自分の情熱に突き動かされるままに、独断で選手を試合に出場させるのではなく、母親に了解を取ろうとしていることである。つまり強い情熱を持っていたものの、同時にその情熱を理性でコントロールし、選手を試合に出場させるためには何をすべきかを冷静に判断している。

スポーツ心理学によれば、情熱には二種類あることが明らかにされている。一つは**執着的情熱**であり、スポーツに対して過度に熱中し、他のことが見えなくなってしまうという情熱である。たとえば指導者が、体罰などの暴力を振るってしまうことは執着的情熱に当てはまる。もう一つは**調和的情熱**であり、スポーツに情熱を持ちつつも、他のことにも関心を向けることができるなど、バランスが取れた情熱である。この指導者は、選手を試合に出場させたいという強い思いがある一方で、事前に母親に了解を取る必要があると冷静に考えることができており、調和的情熱を持っていたことがわかる。

　このようにバランスの取れた情熱であると、選手は指導者の情熱を安心して受け入れ、応えたいと思うことができる。一般的に調和的情熱を持つスポーツ指導者は、選手と良好な人間関係を形成することができると報告されている。

活用する時のポイント

スポーツ指導者が勝ちたいという情熱を持つことは大切だが、しっかりと自分の気持ちを自己コントロールする必要がある。そうすれば選手は安心して、指導者の情熱を受け取ることができる。

○ 好ましい表現

「俺はどうしてもこの試合に勝ちたい。だが、けがしているお前に無理はさせられない。お前の選手生命の方が大切だ。」

……バランスの取れた情熱であり、選手は安心できる。

× 好ましくない表現

「俺はどうしても勝ちたいんだ。少しぐらい痛みがあってもプレーはできるぞ。」

……勝利に過度にこだわっており、選手は不安になってしまう。


関連例文▶教育場面No.06・ビジネス場面No.23

友人関係で悩んでいる子どもへ

09
友人に意見をはっきり言うため、喧嘩になりがちな生徒に対して
【信念を振り返らせる】

「自分の意見ははっきり言うべきという考え(信念)は、間違っているわけではない。ただ相手の気持ちを考えないと、関係が悪くなりがちだよね。」

関連▶本文No.14

10
親友と喧嘩して和解したが、その後疎遠になって孤独を感じている生徒に対して
【挫折を体験した者こそ力を発揮すると伝える】

「仲直りしても友人関係が元に戻らないこともある。この苦い経験によって、人の辛さがわかる人間に成長できるんだ。」

関連▶本文No.20

11
一緒に遊びたくない生徒から誘われて、断れずにいる生徒に対して
【現実に直面化させる】

「断りにくいかもしれないが、自分の気持ちを言わなかったら、いつまでも相手に気持ちは伝わらない。それが現実だよね。」

関連▶本文No.25

12
テニスのペアの選手が下手なので勝てないと不満を持つ生徒に対して
【因果関係を明確に示して意欲を高める】

「ペアに実力差があっても、あなたの実力をもっと上げれば(原因)、試合の勝率はもっと上がるはずだよね(結果)。だからもっと頑張ろう。」

関連▶本文No.36

4

試合前の**緊張**している選手へ

20

誰でもチャンスが
与えられる。
そのチャンスをものにしろ。
お前なら苦労や挫折を
しているから
力を出せる。
だからお前を選んだ。

私は中学、高校とハンドボール部に所属していた。メンバーには入っていたものの、試合には出場することはなかった。他の選手に比べると身体は小さく力もなかったからである。しかし、足の速さなら勝てると思い、毎日走り込みをして努力を重ねていた。高校三年の時、強豪校と対戦することになった。いつもは試合に出場していない自分が、試合前に監督に呼び出された。その時に監督から言われた言葉である。監督は、自分の努力を見てくれていたんだと思うととてもうれしくなり、これまで頑張ってよかったと思った。試合では、チームの最多得点を挙げ、勝利に貢献することができた。この監督の言葉によって、努力は裏切らないことを学んだ。この一言で人生が変わったと言っても過言ではない。

（当時：高校三年女子）

選手の気持ち・指導者の気持ち

試合に出場できないことは、選手にとっては大きな精神的苦痛である。いつ試合に出場できるのかという不安や、チャンスはめぐってこないかもしれないという絶望感が襲ってくる。それらを何とか振り払い、自分の努力はいつか実を結ぶことを信じ、今できることに必死で取り組もうとする。この選手もそんな苦しい精神状況に必死に耐え、日々の練習に取り組んでいた。そのような時に、監督から声をかけられたのである。

監督は、この選手が苦しい精神状況にもかかわらず、必死に自分を奮い立たせ、努力を重ねていたことを知っていた。実力が試される時に備えて、準備をしておこうという心構えを感じていたのである。苦しい状況に耐えた者は、メンタルが鍛えられ、重要な場面で実力を発揮してくれる。監督はそう考えて、この選手を起用したのである。

この言葉から何を読み解くか ～挫折を経験した者こそ力を発揮すると伝える～

指導者のメッセージは、「苦労や挫折を乗り越えてきた者は、心理的に成熟し、重要な場面で力を発揮できる。その力を発揮してこい」というものである。

スポーツ心理学では、選手が挫折やけがが、スランプなどによってスポーツを断念する危機に直面した場合、スポーツに対する自分の気持ちを見直し、適応的に変化させることによって危機を克服し、その結果、心理的成熟を遂げることが明らかにされている。これを**心理的成熟理論**と呼んでいる。心理的成熟をした選手は、危機が再び起こっても、それを乗り越えられる心理的な特質を持つとされている。つまりその後の危機に対して耐える力が養われているのである。

心理的成熟をした選手が力を発揮するのは、なんと言っても、相手選手と競り合っている場面である。技術力では大きな差がなく、心理的な強さが勝負を決める場合、挫折やけがなどの危機を苦しみながら乗り越えてきた者は、メンタルの底力を持っているため、競い合っても怖じけることなく戦うことができる。

この指導者は、選手が危機を乗り越えて心理的に成熟したことを認めていた。危機を乗り越えた者こそが、この重要な場面で力を発揮してくれることを信じ、活躍の場を与えたのである。選手は、自分が苦しい思いをしながら挫折を乗り越えてきたことを指導者がわかっていてくれたことから、これまでの努力が報われたと思うことができたのである。

活用する時のポイント

心理的成熟理論の考え方を用いた言葉かけは、けがやスランプに陥って苦しみもがいている選手に対して用いると効果が期待できる。危機を乗り越えた時には、心理的に成熟し、さらに選手として成長していることを伝えることによって、現在の危機を乗り越えようと意欲を新たにすることが期待できるからである。

○ 好ましい表現

「今は苦しいが、その苦労は無駄にはならない。乗り越えた時、心理的に成熟し、重要な場面で力を発揮できる。」

……成熟することが示されているので、意欲的になれる。

× 好ましくない表現

「今の苦しみに耐えるしかないんだ。じっと我慢だ。」

……耐えても成熟することが示されていないので、意欲的になれない。

関連例文▶教育場面No.10・ビジネス場面No.36

21

笑え、こんな大舞台で泳げるんだ。タイムがどうのこうのとか関係ない。自分の力を信じて最後まで泳ぎ切ってこい。

高校一年生の時、国民体育大会の水泳四〇〇メートルリレーメンバーに選ばれた。四人のメンバーのなかで自分のタイムが最も遅く、監督は練習中、自分に対していつも厳しかった。初めての国民体育大会ということもあってかなり緊張していた。レース直前の招集所にいた時に、監督から言葉をかけられた。いつもと違う監督の言葉に驚いた。この言葉によって、自分の力を信じて泳ぎ切ろうと思った。試合は、全国五位の成績をおさめ、自分はメンバーの中で一番早い記録を残すことができた。

（当時：高校一年男子）

選手の気持ち・指導者の気持ち

国民体育大会は、我が国で毎年行われる伝統ある都道府県対抗スポーツの祭典である。このような大舞台の試合では、出場する選手の誰もが緊張する。特にこの選手は初めて出場したため、かなり緊張していた。

指導者は、何とかして緊張をほぐしたいと思っていた。しかし、まだ高校一年生であり、国民体育大会に初めて出場する選手なので、勝敗を意識させると逆に緊張が強くなってしまう危険性がある。むしろ勝敗をあまり意識させない方が、緊張が解けてよいタイムが生まれることもある。指導者はこう考えて、タイムを気にせず、自分の能力を信じて泳ぎ切ってこいと声をかけたのである。

この言葉から何を読み解くか ～勝敗を気にさせない～

指導者のメッセージは、「勝敗を気にするのではなく、自分の能力やスキルを最大限に発揮することに集中せよ」である。つまり、タイムの良し悪しを気にするのではなく、これまでの練習成果を十分に発揮することを目指せという意味である。

教育心理学では、自分の能力やスキルを十分に発揮させることを目標にすることを、**課題志向性**と呼んでいる。課題とは、ここでは自分が取り組んでいるスポーツの技術を意味する。つまり自分の能力やスキルを最大限に発揮させるという課題を達成することを目指す考え方である。逆に言えば、スポーツ大会で勝敗を争うなど、他者と比較することによって高い評価を得ることを目指しはしないということである。そのため課題志向性とは、他者と戦うのではなく、自分と戦うということになる。

課題志向性を持つことの利点は、他者と比較することによって自分の評価が決まるわけではないため、緊張がやわらぐ可能性がある点である。もちろん大会会場の重々しい雰囲気があるため緊張せざるを得ないが、緊張の程度を低下させることが期待できる。

この指導者は、勝敗を気にするのではなく、自分の能力やスキルを最大限に発揮させることに意識をシフトさせようとした。そうすることによって、緊張の程度が低下し、よいタイムが生まれることを期待したのである。そしてこの言葉によって、選手はよい成績を残すことができたのである。

活用する時のポイント

課題志向性を持たせる言葉かけは、緊張しやすい選手に対して用いると効果が期待できる。勝敗をあまり意識させない方が、緊張がやわらぎ、よい競技成績が期待できるからである。

また、勝利主義に陥ってしまい、あまりにも勝敗にこだわりすぎる選手に対しても、課題志向性を持たせるように働きかけたい。特に学校教育では、勝敗よりも、自分の能力やスキルの向上を目指させることの方が重要である。その過程の中で、努力することの喜びや仲間との協力の重要性などを学ばせたい。

○ 好ましい表現

「全国大会に出場なんて、こんな幸せな経験、なかなかできないぞ。勝敗を気にせず、実力を出し切っておいで。」

……勝敗を気にさせていないので緊張がやわらぎやすい。

× 好ましくない表現

「全国大会に出場したからには、よい結果を目指して頑張ろう。」

……勝敗を気にさせているため、選手が緊張しやすい。

関連例文▶教育場面No.17・ビジネス場面No.20

22

競技だから
勝者も敗者も出る。
しかし走ることを
一番楽しんだやつが
本当の勝者だ。

高校最後のインターハイ予選で、陸上一〇〇メートル競技に出場した。かなり緊張し、ラウンドを重ねるごとに動きが悪くなっていったが、なんとか決勝に残ることができた。コールが終了して競技場に入る直前に、監督から声をかけられた。監督の言葉によって、それまでプレッシャーに押しつぶされそうだった気持ちが、随分と楽になった。そして笑顔で競技場に入ることができた。その頃、上の大会に進むことばかりに必死で、自分が陸上競技を始めた理由である「走ることが楽しい」という気持ちを忘れていた。この大会ではよい成績を出せず、インターハイに出場することはできなかったが、この言葉があったから、今でも陸上競技は楽しく続けられている。

（当時：高校三年男子）

選手の気持ち・指導者の気持ち

重要な大会で勝ち進んでいくと、より競技力のある選手たちの戦いとなる。勝敗を意識すると緊張が強くなり、緊張してはいけないと自分に言い聞かせると、ますます緊張が強くなる。つまり悪循環に陥るのである。この選手も試合が進むにつれ、身体の動きはますます悪くなり、悪循環に陥っていた。

一方指導者は、勝敗を過度に意識すると悪循環に陥りやすくなることを知っていた。緊張が強くなっていくと身体の機能が低下し、よい競技成績が出せなくなる。緊張をやわらげ、身体の機能を最高の状態にさせてよい競技成績を出すためには、その勝負を楽しむという気持ちの余裕が必要であることを知っていた。そこで、心身をリラックスさせるために、競技を楽しむようにと選手に声をかけたのである。

この言葉から何を読み解くか ～楽しむことに気持ちをシフトさせる～

指導者のメッセージは「勝負を楽しめ。そうすれば結果はついてくる」というものである。

スポーツ心理学では、最高の競技成績を達成することを**ピークパフォーマンス**と呼んでいる。ピークパフォーマンスが生じやすくなる心理的条件の一つに、「競技を楽しむこと」がある。競技を楽しむように気持ちを調整できれば、心身の状態が整えられて最高のコンディションとなり、よい成績が期待できるというものである。

この指導者は「楽しんだやつが本当の勝者」と指摘しているが、これは、競技を楽しもうとすることによって、自分の心身を最高の状態に調整できた者が、優れた選手であるということを意味している。その結果として素晴らしい成績が期待できるわけである。したがって、まず目指すべきなのは、勝敗の結果ではなく、自分の心身を最高の状態に調整すること、つまり「競技を楽しむ」ということになる。

この指導者の言葉によって、この選手は勝敗よりも競技を楽しむ方向に気持ちをシフトさせることができ、緊張をやわらげることができたのである。

活用する時のポイント

競技を楽しむことに気持ちをシフトさせる言葉かけは、特に試合前に緊張しやすい選手に用いると効果が期待できる。

指導者としては、選手の緊張をやわらげるために、「そんなに緊張するな。気楽にいけ」などと言いたくなるものである。しかし「緊張するな」と指導者が言うと、選手は「緊張してはいけない」と逆に緊張を意識するようになり、緊張がやわらぐどころか、逆に緊張が強まるという悪循環に陥りやすい。「緊張するな」という言葉をかけることは逆効果になりやすいのである。むしろ「緊張してもかまわない」と語りかける方が、選手は気を楽にすることができる。その上で、「試合を楽しんでこい」などと別の気持ちにシフトさせる方が効果が上がる。

○ 好ましい表現 「緊張してもよいが、それ以上に試合を楽しんでおいで。」
……試合を楽しむことに焦点を当てて、緊張をやわらげている。

✕ 好ましくない表現 「緊張するなよ。大切な試合だから。」
……緊張に焦点を当てているので、ますます緊張しやすくなる。

関連例文▶教育場面No.18・ビジネス場面No.21

23

相手を先生だと思いなさい。
笑えるでしょ。
そしたらいつものようにできる。

中学三年の時、剣道の段審査を受けた。かなり緊張して待っていた。その時に先生からかけられた言葉である。その先生は、居残り練習を一緒にしてくれる優しい先生だった。冗談を言って笑わせてくれ、友だちのような感覚で接していた。この言葉によって、いつも先生と楽しく練習をしていることを思い出して、リラックスすることができ、審査に合格することができた。

（当時：中学三年女子）

選手の気持ち・指導者の気持ち

試合前は選手なら誰でも緊張するものである。身体はこわばり、心拍は激しくなる。練習では上手にできていたのに、試合ではそのプレーができず、実力を十分に発揮できない。これは試合であがってしまうためである。この選手も剣道の段審査の時にあがってしまった。かなり緊張して自分の順番を待っていた時に、指導者から声をかけられた。

指導者は、顔つきや態度で選手があがってしまっていることに気がついた。そのため、なんとかして選手を平常心に戻そうと考えた。ただ単純に「あがるなよ」と表現するだけでは、あまり効果がない。「あがるなよ」と言われても、選手はどうしたらよいかわからない。むしろ「あがってはいけない」と自分に言い聞かせることで、ますますあがってしまうという悪循環に陥ることもある。そこで一工夫して、選手の緊張を解きほぐす言葉かけをしたのである。

この言葉から何を読み解くか ～イメージであがりをやわらげる～

指導者のメッセージは、「いつもの練習の状況をイメージしてごらん」である。「あがるな」などと言葉で伝えるのではなく、イメージを用いてあがりをやわらげようとしている。

スポーツ心理学では、あがりをやわらげるために**イメージ**を用いることがある。頭の中でリアルにイメージすると、生理的状態（呼吸、心拍数など）が対応し、イメージと生理的状態を一致させようとする働きが生じる。たとえば公式試合であっても、生理的状態が普段の練習時の状態になれば、あがりは取れ、平常心を取り戻すことができ、落ち着いた状態で試合に臨むことができる。

スポーツ心理学の実験では、イメージするだけで心拍数を上げたり、下げたりすることができることが確かめられている。

この指導者がしたことも同じである。幸いなことに、剣道では面をかぶっており、相手の顔が見えないために、対戦相手を指導者として容易にイメージできる。指導者の指示どおりに選手がイメージしたところ、選手の呼吸や心拍数などの生理的状態が練習時のレベルに変化し、平常心で審査に臨めたのである。

活用する時のポイント

試合の時にあがりやすい選手は、普段からイメージトレーニングをさせて、頭の中のイメージと生理的状態の対応関係を強固なものにしておくとよい。すぐに身体が反応し、練習時の生理的状態に戻ることができるからである。

特に自分を支えてくれる人物や親しい関係にある人物に語りかけたり、応援してくれる情景をイメージしたりすると効果が期待できる。

我々は、イメージトレーニングでなくても、辛く苦しい時、心の中に誰かを思い浮かべ、語りかけることがある。時には亡くなった人を思い浮かべることもある。このように支えとなってくれる人物を心の中に思い浮かべ、会話することによって、気持ちを落ち着かせることができる。

〇 好ましい表現

「親しい仲間たちが大声出して応援してくれている情景をイメージしよう。」

……イメージの中に支えてくれる人物が登場している。

✕ 好ましくない表現

「気持ちが落ち着いている自分をイメージしよう。」

……イメージの中に支えてくれる人物を登場させると、さらに効果が期待できる。

関連例文 ▶ 教育場面No.19・ビジネス場面No.22

緊張しやすい子どもへ

13 **クラスのみんなの前で発表する時に緊張してしまう生徒に対して**
【逆説的なメッセージで気を楽にさせる】

「発表する前に、私は緊張していますと言えばいい。緊張するのはいけないと思って隠すと、ますます緊張は強くなる。」

関連▶本文No.04

14 **人前で上手に話せた経験がないから、自信がないと語る生徒に対して**
【自信を持つには根拠は必要ないことを伝える】

「上手に話せた経験はなくてもいいんだ。今回はなんとか話せるかもしれないと自分を信じてあげられるかどうかが分かれ目だよ。」

関連▶本文No.05

15 **実力試験に不安を感じている生徒に対して**
【失敗不安をやわらげる】

「実力試験は、弱点を見つけるためのものだ。だからあまり不安を持たずに、自分の実力を正直に出したらいい。」

関連▶本文No.09

16 **いろいろなことが心配になって、緊張しやすい生徒に対して**
【リフレーミングで肯定的な見方に変える】

「いろいろなことが心配になるのは、感受性が豊かな証拠。人の気持ちに敏感で、思いやりがあるということだよ。」

関連▶本文No.18

17 **合唱コンクールの出場前に緊張している生徒たちに対して**
【勝敗を気にさせない】

「先生は、順位はまったく気にしていない。日頃の練習の成果を十分に出すことが、一番すばらしいことだと思う。」

関連▶本文No.21

18 **英語のスピーチ大会の前に緊張している生徒に対して**
【楽しむことに気持ちをシフトさせる】

「みんなの前で英語でスピーチできるなんて、すばらしい体験じゃあないか。結果を気にせず、この体験を楽しんでおいで。」

関連▶本文No.22

19 **自分の意見をみんなの前で発表することが苦手な生徒に対して**
【イメージであがりをやわらげる】

「クラス全員に話すのではなく、親しい友人だけが教室にいるイメージで発表してごらん。きっとうまくいくよ。」

関連▶本文No.23

5
試合に負けて落ち込む選手へ

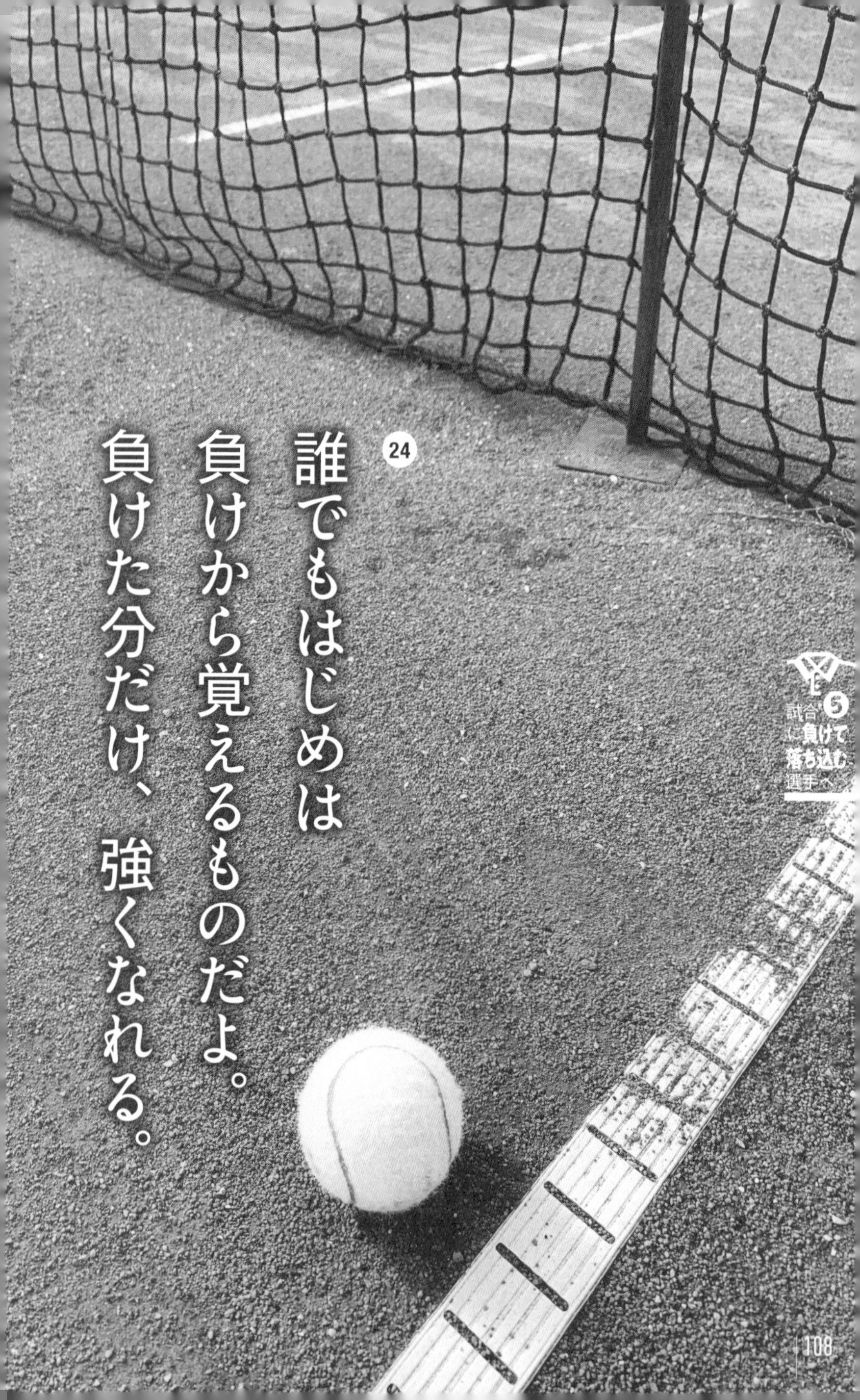

24

誰でもはじめは
負けから覚えるものだよ。
負けた分だけ、強くなれる。

中学校時代にテニスクラブに通っていた。テニスを始めて三年ぐらいが経ち、試合に出始めた頃は、試合に負けてばかりいた。練習ではうまくいくのに、試合になると全然思い通りにいかず、不完全燃焼な試合ばかりだった。自分に腹が立ち、練習もやる気が出ず、落ち込んでいた。そんな時に、コーチがかけてくれた言葉である。コーチの言葉によってやる気が出て練習を続けた結果、試合で勝つことができるようになった。

（当時：中学二年男子）

選手の気持ち・指導者の気持ち

完璧な試合運びをしたい。それが実現できた時の感激を味わいたい。選手なら誰もがそう思う。ただ現実はそう甘くはない。思い描いていたようなプレーはなかなかできない。このような時、なぜ自分はできないのか、情けないと自分を責める選手がいる。最善を尽くしても十分頑張ったとは思えずに、わずかなミスに注意を注ぎ、自分を責めてしまうのである。そして次第に自分に絶望し、無力感に陥ってしまう。この選手は、このような状況に陥って苦しんでいた。

一方指導者は、この選手が、自分の全エネルギーを注入するような感じで、熱心に練習に取り組んでいたことを知っていた。ただ完璧なプレーをしなくてはいけないという思いにとらわれて、それができない自分にイライラしていることを心配していた。競技に集中するあまり、心に余裕をなくしていたのである。そこで、言葉をかけたのだった。

この言葉から何を読み解くか ～完璧主義に注意させる～

指導者のメッセージは、「完璧主義になるな」というものである。もちろん完璧を目指すことはよいことだが、実現できないからといって、イライラしたり自分を責めたりしてはいけない。

心理学では一般的に、十分に満足するように物事を成し遂げないと気がすまない傾向を**完璧主義**と呼んでいる。完璧主義の者は、目標水準が高いため達成感を得られにくく、そのため悲観的、抑うつ的になりやすいと指摘されている。一方完璧主義ではない者は、達成可能で現実的な目標水準を持っているため、ある程度練習をしたら、それに対応した達成感や満足感を得ることができる。その小さな達成感や満足感の積み重ねによって、自信を持つことができる。

この選手は完璧主義に陥り、ミスをして試合に負けることを極度に恐れていた。そこで指導者は、「負けた分だけ、強くなれる」と伝え、試合に負けてもかまわないということを選手に伝えたのである。この言葉によって、「試合に負けてもいいんだ、完璧なプレーができなくても自分を責める必要はないんだ」ということに気がつき、選手は気持ちを楽にすることができたのである。

活用する時のポイント

一生懸命努力を続けていても、達成感が得られず自分を責めている選手は、やがて疲れ果てて無気力になってしまう危険性がある。このような選手には、「ミスをしてもよい」などと指導者が言ってあげるとよい。選手は、このような言葉を指導者から言われると、気が楽になるものである。

スポーツに限らず、ビジネスでも学校教育でも、積極的に努力をすることはよいことである。ただ、積極的に努力をしても、達成感や満足感を得ていない場合は、完璧主義の傾向があるため働きかけをする必要がある。達成感や満足感を得ている場合は、現実的な目標水準を持っており問題視する必要はない。完璧主義を見極めるポイントは、達成感や満足感を得ているかどうかである。

○ 好ましい表現

「結果に満足していないようだけど、これだけの成績が出れば十分だよ。目標のレベルを下げてみてはどうかな?」

……結果に満足していないので完璧主義の傾向があると判断し、働きかけている。

× 好ましくない表現

「あなたは結果に満足しているんでしょう。そこまで完璧になるまで練習しなくてもいいと思うけど。」

……結果に満足しているため完璧主義の傾向があるとは言えず、働きかける必要はない。

関連例文▶教育場面No.25・ビジネス場面No.37

25

お前が練習していたのは知っている。
しかし相手はもっと練習していたんだ。
ここで腐らずいちから頑張ろう。

高校三年生のレスリングのインターハイ。前年度優勝していたので、今年も優勝して二連覇をしたいという気持ちが強かった。しかし試合で負けてしまい、落ち込みが大きく、立ち直れなかった。もうレスリングをやめようとさえ考えた。その時、コーチに言われた言葉である。この言葉によって、ここがゴールではない、こんなところで落ち込んでいる場合ではないと実感し、前向きになることができた。

（当時：高校三年女子）

選手の気持ち・指導者の気持ち

スポーツの世界では強くなればなるほど、プレッシャーを感じるものである。インターハイなどの大きな試合で優勝すると、様々な対戦相手から戦術を研究され、次の試合で勝つことが難しくなる。だから追われる立場の選手は、精神的には辛い。この選手はインターハイという全国大会での二連覇を目指し、かなりハードな練習に取り組んでいたが、試合で負けてしまった。そのショックは大きく、引退を考えたほどであった。

指導者にとっては、対戦相手が身体を鍛え上げ、戦術をかなり研究してきたことは、容易に想像がつくことであった。選手が負けてしまったことは残念であるが、冷静になって現実的に考えると、対戦相手が多大な努力を重ねていたことを認めざるを得なかった。指導者はこの現実をわからせようと考え、選手にこの言葉をかけたのである。

この言葉から何を読み解くか ～現実に直面化させる～

指導者のメッセージは「対戦相手の方がお前よりもっと練習しており、もっと強かったという現実を認識せよ」ということである。立ち直るためには、この現実を直視し、受け入れる必要があることを指摘している。選手は優勝すると、歓喜、達成感、充実感を味わう。いわば至高体験ともいうべき格別な体験である。そしてこの優勝という美酒を一度味わうと、「自分は一番強い」という自己イメージが形成される。この自己イメージは、厳しい勝負の世界を生き抜いていくために、選手を支えてくれる重要なものである。どんなに激しい練習でも、この自己イメージに基づく自信とプライドが耐え抜くことを可能にする。しかし、試合に負けることにより、「自分が一番強い」という自己イメージの根拠が崩れる。この自己イメージは、これまでの自分を支えてきてくれたものであるため、簡単には変えることができない。そのため、「一番強い私が、なぜ負けたのか」という思いを払拭できず、現実を受け入れることはできない。

カウンセリング心理学では、このような場合、現実を受け入れるように支援する。これを**現実の直面化**という。現実を受け入れない限り、次の一歩を踏み出せないからである。

指導者は、選手に対し現実に直面化するように促した。選手は、指導者の言葉によって、自分より対戦相手の方が努力したことを率直に認め、今度は自分の方がもっと練習をしてやろうと思うことによって、気持ちを立て直すことができたのである。

活用する時のポイント

現実の直面化の言葉かけは、努力をしたが思うような結果が得られず、いつまでもくよくよしている選手に対して用いると効果が期待できる。ただ、その選手が特に悩んでいなければ、たとえ現実と自己イメージがかけ離れていても、その矛盾を指摘する必要はない。たとえば身体能力が優れていないという現実があるのに、自分は全国大会に出場できる選手だという自己イメージを持って頑張っている場合である。仮に現実に直面化させた場合、この選手の意欲は減退してしまう。選手が悩んでいなければ、夢を追いかけさせてあげればよいのである。

○ 好ましい表現

「県大会に出場したかった気持ちはわかる。ただくよくよせず、気持ちを前向きにするために、そこまでの実力があったかを見つめ直すことも大切だ。」

……選手がくよくよしているために、現実に直面化することを促している。

× 好ましくない表現

「お前は張り切って練習しているが、お前の技術で県大会に出場することが現実的に可能かどうか、検討することも大切だ。」

……選手が張り切って練習しているのに、夢を壊し意欲を減退させている。

関連例文 教育場面No.11・ビジネス場面No.12

26

ずっと勝ち続ける選手なんていない。
必ずどこかで負けを経験する。
しかしその中から学ぶことで、
勝ち続ける選手になれる。

中学校時代、私は相撲部に所属していた。中学生としては身長が高く体重もあったため、私は自信をもって相撲に取り組んでいた。試合ではずっと勝ち続けていた。ところが県大会で、自分より小さい相手に負けてしまった。悔しくてその場から逃げ出したい気持ちと、先生の期待に応えられなかったという申し訳ない気持ちで胸が苦しかった。そんな時に先生からこの言葉をかけられた。負けることは悔しいが、自分にプラスにもなるんだと思わせてくれた。この言葉は、競技だけでなく、日常生活でも私の支えとなっている。

（当時：中学三年男子）

選手の気持ち・指導者の気持ち

身体的能力に恵まれ、巧みな技術を身につけた選手は、周囲からも実力を認められ、試合に出場すれば上位の成績を収めることが期待される。この選手も、自他共に認める優れた相撲の選手であり、試合に出場して勝ち続けていた。ところが県大会で自分より小柄な選手に負けてしまった。指導者の期待に応えられなかった申し訳ないという気持ち、自分への怒りや情けない気持ちなどで、落ち込んでいたのである。

一方指導者は、選手は勝ち続けていると、自覚はしていないもののどこかに心の隙が生じ、油断が生まれがちであることを知っていた。そこを突かれると、惨敗を喫してしまう。今後も上位の成績を収めるためには、勝ち続けても油断することなく、自分の競技を振り返るという慎重な姿勢を取ることが大切である。そのため、この選手にその心構えを教えたのである。

この言葉から何を読み解くか ～勝っても防衛的悲観主義になれと伝える～

指導者のメッセージは、「試合に勝っても油断するな。前向きの悲観主義を持て」というものである。つまり試合に勝って喜んでもいいが、今後の試合を見据えて自分の弱点などを冷静に分析し、対策を行えということである。スポーツ心理学では、成功体験を喜びつつも、将来のことについては悲観的に慎重に対処する傾向のことを、**防衛的悲観主義**と呼んでいる。

一般的に試合に勝ち続ける選手は、これまでの練習メニューや戦略などを正当化し満足しがちである。勝っても試合運びなどに問題点が残されているはずであるが、勝利という名の下に、あまり振り返ろうとはしない。これが油断である。対戦相手は、今回の試合の問題点を改善し、次の試合に臨んでくる。そのため、試合に勝っても、悲観的になって自分の弱点を冷静に分析し、改善するという態度が重要である。防衛的悲観主義を持つ選手は、優れたパフォーマンスを発揮することができるという研究報告がなされている。

防衛的悲観主義が悲観主義と違うところは、過去の成功体験を適切に評価できるかどうかという点にある。悲観主義は、たとえ成功体験があっても過小評価をしてしまう。そのため自信を持つことができない。一方防衛的悲観主義は、過去の成功体験を適切に評価することができ、自分に自信を持つことができる。

指導者は、選手が勝ち続けるためには、この防衛的悲観主義が重要であることを選手に指摘した。指導者の言葉によって、選手は意欲を取り戻して練習することができたのである。

活用する時のポイント

防衛的悲観主義の言葉かけは、実力があって勝ち続ける選手に対して用いると効果が期待できる。勝ち続ける選手が陥りやすい落とし穴を教えてあげるようなものである。ただ、試合に勝ったわけであるから、しっかり褒めて達成感を感じさせることが重要である。

○ 好ましい表現

「試合に勝って本当によかった。実力がついてきている。ただ弱点があったから分析する必要があるな。」

……今後に向けて防衛的悲観的になれるし、達成感も得られる。

× 好ましくない表現

「試合に勝ったが、内容はまったくよくなかった。自分の弱点を分析する必要がある。」

……今後に向けて防衛的悲観的になれるが、達成感が得られない。

関連例文▶教育場面No.36・ビジネス場面No.24

努力している子どもへ

20
試合前にけがをして出場できなくなった選手に対して
【苦しい状況下の態度にこそ価値があると伝える】

「チームの雰囲気が暗くならないために、あなたは辛くても明るく振る舞っていた。立派な態度でした。」

関連▶本文No.27

21
部活動のキャプテンとして頑張っている選手に対して
【間接的コミュニケーションを使って褒める】

「最近、部活動で積極的にみんなを引っ張っているようだね。部活の顧問の先生から聞いて、先生もうれしく思ったよ。」

関連▶本文No.32

22
部活動の終了後に、いつも用具を整頓してくれる生徒に対して
【達成感を感じさせる】

「練習後、いつも用具の整頓を一人でやってくれた。引退までよくやり遂げたな。なかなかできることではない。」

関連▶本文No.34

23
スポーツ栄養のことを調べて、部員に教えてくれる生徒に対して
【役割の適応能力を褒める】

「あなたは偉いね。中学生のマネージャーでこんなにスポーツ栄養の知識がある生徒は、ほかにはいないわね。」

関連▶本文No.35

6
重圧に苦しむキャプテンへ

27

お前はキャプテンとして
やるべきことはやった。
このチームにとって、
お前は必要な存在だった。
後輩たちはお前の姿を見ていたよ。

中学校のソフトテニス部のキャプテンだった。数人の部員が練習を真面目に取り組まなくなったので注意したところ、人間関係がこじれてしまった。自分の行動はこれでよかったのかと悩み、学校にも登校したくなくなるほどだった。結局、最後まで人間関係を修復できなかった。最後の大会が終わった時、キャプテンとしてチームをまとめることができなかったことに悔しい気持ちが大きかった。その時に、顧問の先生から声をかけられた。辛い思いをしながらも、頑張り続けてきた努力を認めてもらえた気がした。この言葉によって、高校に進学してからもソフトテニスを続けようと思うことができた。

（当時：中学三年男子）

選手の気持ち・指導者の気持ち

チームをまとめることは重要な仕事であると、キャプテンになると誰もが思う。それだけに一体感のあるチームを作れなかった場合は、大きな挫折感を味わうことになる。最後の大会が終わった時、この選手はキャプテンとしての仕事を成し遂げることができなかったという思いを抱き、自責の念にとらわれていた。

この指導者も、キャプテンとしてチームをまとめられなかったことは残念だったという思いがあった。しかし、悩み苦しみながらも逃げ出さずに、一生懸命にチームをまとめようとしていた選手の姿に、キャプテンとしてのあるべき態度を感じていた。そして、その態度に後輩たちは何かを学んでいたことも感じていた。チームをまとめるという実績は残せなかったが、その態度にこそキャプテンとしての存在感を感じていたのである。

この言葉から何を読み解くか ～苦しい状況下の態度にこそ価値があると伝える～

指導者のメッセージは、「キャプテンとして成し遂げた成果は十分ではなかったかもしれない。しかしキャプテンとしての態度は立派だった」というものである。成果ではなく、態度に焦点を当てて、それを褒めたのだ。

現代社会では、具体的な成果を上げることが求められる。スポーツの世界では勝率が、ビジネスの世界では利益が重要視される。それでは成果を上げることができなかった場合は、価値がないのであろうか。

心理学では、困難な状況の中で思うように活動の成果が得られない場合であっても、どのように振る舞うかという態度にこそ人間的な価値があると考え、これを**態度価値**と呼んでいる。態度価値は精神医学者フランクルが提唱した概念である。フランクルは、ナチスドイツによってアウシュビッツ強制収容所に収容された。強制収容所では収容者は人間として扱われず、過酷な生活環境であった。しかしその収容所においても、人間らしい尊厳のある態度を取り続けた人がいた。この体験から、フランクルは、何かを成し遂げられなくても、つまり生産的な成果を生み出すことができなくても、生きる姿勢や態度そのものに価値があることを見出したのである。困難な状況に対して一生懸命乗り越えようとするその態度そのものに価値があると主張したのである。

指導者は、キャプテンとして成果を十分に上げることができなかったことよりも、キャプテンとして一生懸命取り組んだ姿勢そのものに態度価値を認めて褒めた。この言葉によって、自分を責めていた選手は、救われたのである。

活用する時のポイント

態度価値に基づいた言葉かけは、一生懸命取り組んだにもかかわらず、失敗してしまった者に対して用いると効果が期待できる。成果は出せなかったが、態度そのものに価値を見出してもらえると救われる思いがするからである。

スポーツの世界では、よい成績を残すことを重要視するため、成果にこだわる傾向がある。態度価値に基づいた言葉かけを用いる場合、成果にこだわってしまい、あいまいな表現をしてしまう場合があるので注意する必要がある。

○好ましい表現
「成果は出せなかったけれど、立派な態度だったよ。」
……態度に価値を見出している。

×好ましくない表現
「立派な態度だったけど、成果が出なくて残念だったね。」
……成果が出せなかったことにこだわっている雰囲気が伝わってしまう。

関連例文▶教育場面No.20・ビジネス場面No.05

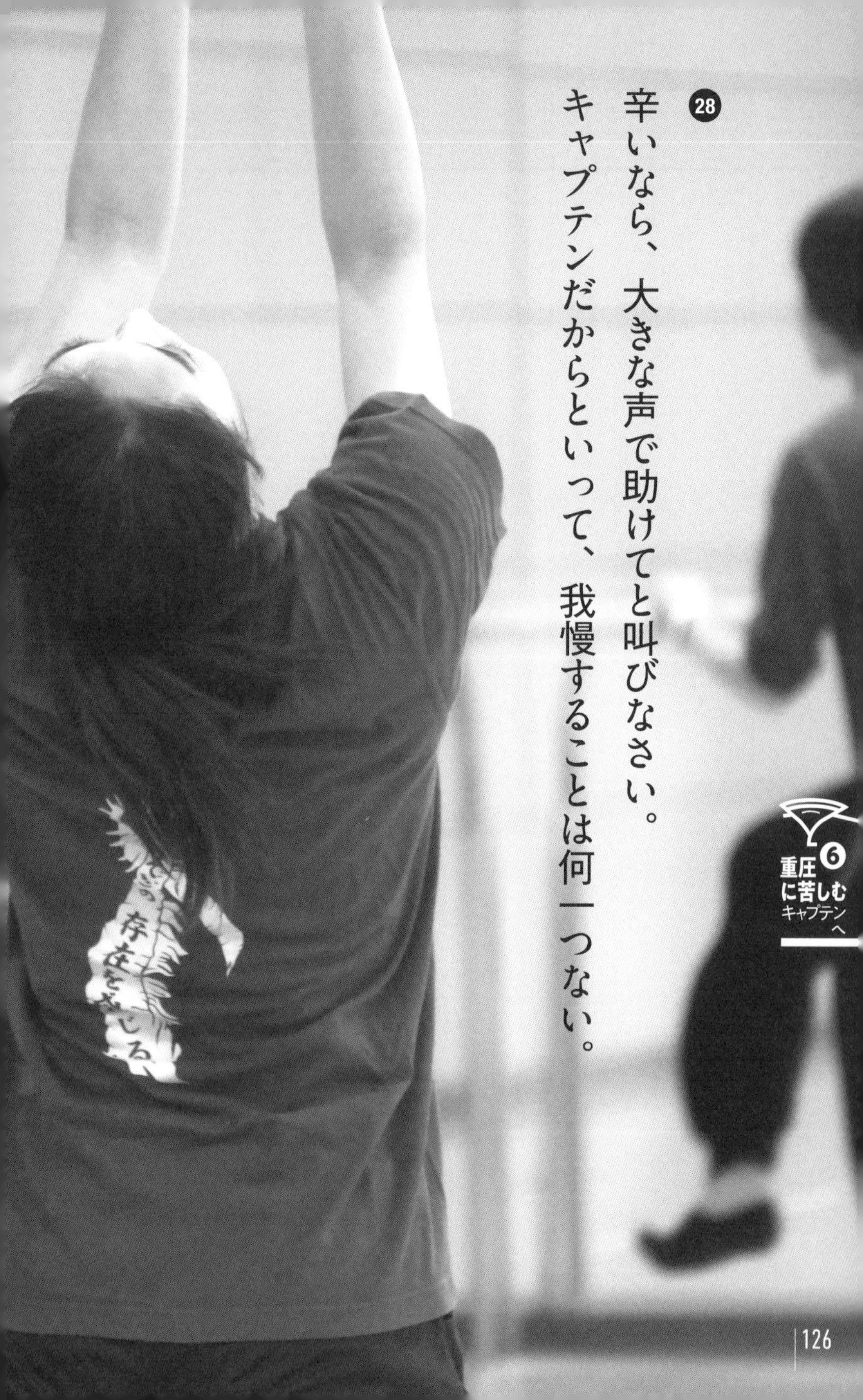

28

辛いなら、大きな声で助けてと叫びなさい。
キャプテンだからといって、我慢することは何一つない。

高校時代のダンス部。三年生の時キャプテンを務めた。このダンス部は歴史があり、強豪校として知られていた。先輩のキャプテンを見ていて、この部活のキャプテンは弱音なんて吐いてはいけないと思い、自分が我慢すれば、チームが強くなれると思っていた。そんな時、顧問が声をかけてきた。顧問には、自分が我慢していたことがばれていた。この言葉に後押しされ、キャプテンだからこそ思い切ってやろうと思い、自分の言いたいことがみんなの前で言えるようになった。

（当時：高校三年女子）

選手の気持ち・指導者の気持ち

キャプテンは孤独になりがちである。チームをまとめるために部員に気を配り、指導者と連絡を取りながら練習メニューを決める。同時に自分の競技成績も上げなければならない。キャプテンの責任は大きいのである。特に強豪校のキャプテンは、これまでの競技成績を維持していかなくてはならないし、時折応援に訪れる先輩たちにも気を遣わなければならない。この選手も、キャプテンの責任を感じ、弱音を吐けないと考えて一人で頑張り、苦しんでいたのである。

一方指導者は、このキャプテンが誰にも相談できずに一人で苦しんでいることを見抜いていた。歴史ある強豪校のキャプテンは、弱音を吐かない強い存在であるべきだという観念にとらわれていたことも知っていた。しかし、だからこそ大きな責任やハードな仕事を一人で背負うことは困難であるとわかっていた。そのために、この観念にとらわれる必要がないことを、キャプテンに伝えたのである。

この言葉から何を読み解くか ～援助を求めることも重要なスキルだと伝える～

指導者のメッセージは、「キャプテンだって、弱音を吐いてもいいよ」というものである。キャプテンであっても、我慢して一人で苦しむ必要はない。

健康心理学では、他者に援助を求めることを**社会支援模索**と呼び、ストレス対処の一つとして位置付けている。世の中のストレスは、一人で対処できるものばかりではない。そのため人的なネットワークを構築し、困難な出来事に応じて適切な人材に支援を求めることが大切である。

カウンセリングの場面では、新入社員が仕事でわからないことがあっても先輩に質問することができず、一人で仕事を抱え込むため残業時間が長くなり、最終的には抑うつ的となって退職せざるを得なくなる事例が見受けられる。困難な出来事を乗り越えるために、他者に援助を求めることは重要なスキルなのである。スポーツチームのキャプテンであっても例外ではない。

指導者は、他者に援助を求めることは、弱音を吐くことでも、恥ずかしいことでもなく、むしろストレスを乗り切る重要なスキルであることを伝えた。この言葉によって、キャプテンは気持ちを楽にしてチームをまとめることができたのである。

活用する時のポイント

他者に援助を求めるスキルの言葉かけは、特にキャプテンやチームリーダーに対して用いるとよい。立場が上の者は、責任を一人で背負いがちである。誰かに相談せずに、自分一人で解決しなければならないと思い込んでいることも少なくない。
また「自分一人で任務をこなせないのは、キャプテンとしての能力がない証拠である」と思い込んでいることもある。この場合には、現代社会においては他者に援助を求めることは、むしろ「リーダーには必要なスキル」であることを強調して伝えると、選手が受け入れやすくなる。

○ 好ましい表現

「キャプテンだからこそ、積極的に誰かに相談することが必要なのよ。」

……リーダーには必要なスキルであることを強調している。

× 好ましくない表現

「キャプテンだけど、どうしても苦しくなったら、誰かに相談するのよ。」

……できることなら相談してはいけないというメッセージになっている。

関連例文▶教育場面No.26・ビジネス場面No.15

29

キャプテンというのは、
なるものではない。
終わったときに、
なっているもの。
今の自分が
できることをしなさい。

高校時代にキャプテンになった時、競技だけでなく、部の伝統を守ること、チームの人間関係をまとめることなど、すべてにおいて自分がやらなければならないと思っていた。しかしキャプテンの仕事をうまくできず、悩み苦しんでいた。そんな時に監督に言われた言葉である。キャプテンという役割を考え直すことができ、私を楽にしてくれた言葉だった。肩の力が抜けてとてもすっきりした。それからは自然とみんなが信頼してくれるようになり、競技も自分らしくできるようになった。最後に「キャプテンがお前で本当によかった」と部員から言われた時、本当にうれしく、この時やっとキャプテンになったと実感した。

（当時：高校二年女子）

選手の気持ち・指導者の気持ち

キャプテンに任命される選手は、責任感の強い者が多い。すべてキャプテンである自分の責任であると思い込み、自分一人で頑張ろうとする。しかし頑張りすぎるあまりワンマンになりがちであり、部員との人間関係がうまくいかないことも少なくない。この選手も、キャプテンの仕事に一生懸命であったゆえに、努力が空回りしてしまい、悩んでいた。

一方指導者は、この選手が「キャプテンになった」という自覚が強すぎて、自分一人でやろうとしていることが気になっていた。キャプテンの仕事とは、「部員にあらゆることに関して指示を出す」というイメージを持っているようであった。そこでキャプテンの仕事を考え直させるために指摘したのである。

この言葉から何を読み解くか ～部員の期待を把握させる～

指導者のメッセージは「キャプテンの仕事は、部員の期待や要望を取り入れながら、徐々に決まってくるものだ」というものである。つまりキャプテンの仕事ははじめから決まっているものではなく、部員との相互作用によって徐々に形作られ、次第に固まっていくものだということを指摘している。これが「終わった時に、（キャプテンに）なっているもの」が示す意味である。

心理学では、グループのメンバーが何を期待するのか理解し、それをリーダーの仕事として取り入れて役割を遂行することを、**役割期待の学習**と呼んでいる。リーダーとしての役割を適切に行うためには、対話などによって部員の期待を知り、それに基づいてキャプテンの仕事を行うというプロセスが大切である。つまりキャプテンと部員の相互作用によって、キャプテンの仕事が決まってくる。そして徐々にリーダーとしての仕事が適切に行えるようになり、この指導者の指摘の通り「リーダーになっていく」のである。

指導者の言葉によって、選手はそれまでのキャプテンの仕事のイメージを修正し、役割学習を行うことができた。その結果、部員の気持ちをつかみ、部員から認められるキャプテンになることができたのである。

活用する時のポイント

キャプテンに対する部員の役割期待を知ることの重要性は、特にキャプテンを初めて経験する選手に対して教えると効果的である。このような選手は、キャプテンの仕事のイメージを持っておらず、どのような役割を取ったらよいかわからないからである。またキャプテンとは、強いリーダーシップを発揮するものだというイメージを持っている選手にも効果が期待できる。このような選手は、熱意が空回りして苦しんでいる場合が多い。

なお、キャプテンに対する役割期待について部員の意見を聞くことは大切であるが、最終的にキャプテンの仕事をどのように考えるかは、キャプテンの判断であることを伝える必要がある。部員は自由にさまざまな意見を出してくることがあり、キャプテンが困惑してしまう危険性がある。

○ 好ましい表現

「部員の意見は尊重しつつも、最後はキャプテンとして自分で判断するんだよ。」

……部員の意見がばらばらでも、最後はキャプテンがまとめることができる。

✕ 好ましくない表現

「部員の意見をできるだけ尊重してあげると、みんなから支持されるキャプテンになるよ。」

……部員の意見をまとめ切れない危険性がある。

関連例文 教育場面No.27・ビジネス場面No.25

30

キャプテンとして自分一人で解決しようとするな。全員で協力し合った方が、強くてよいチームになれる。

中学二年の夏、三年生の先輩が引退し、自分が陸上部のキャプテンに選ばれた。自分の競技力を向上させて全国大会に出場したいという思いと、部活をうまくまとめて強いチームにしなければいけないという思いの両方が大きくなり、空回りしていた。その時に顧問の先生から言われた言葉である。それまでは、キャプテンとして自分がすべてやらなければいけないと思っていたが、みんなに助けてもらいながら部活を引っ張っていけばいいのだと思い、心が軽くなった。それにともない自分の記録はどんどん向上していった。引退する時、この先生やこの仲間と一緒に部活ができて、本当によかったと思った。

（当時：中学二年男子）

選手の気持ち・指導者の気持ち

キャプテンに選出される選手は、チームの中で高い競技力を持ち、自分のことだけでなく、チーム全体のことを考えられる視野の広さ、決断したことを着実に実行できる行動力を兼ね備えていることが多い。つまり、人に頼らずとも、自分で考え判断し、実行に移せる能力を持っている。そのため、活動計画や練習メニューなど、何でも自分一人で決めようとしがちである。この選手も、キャプテンとしての意識が強く、自分一人でチームを引っ張って行こうとしたが、負担が大きいため、疲労困憊してしまい苦しんでいた。

一方指導者は、強いチームとは、リーダーが強いリーダーシップを発揮してチームを引っ張っていくのではなく、リーダーを中心として部員たちがみんなで協力し合っていくものだという考えを持っていた。強力なリーダーシップを発揮するほど、部員たちはキャプテンの指示に従うだけでよいことになり、キャプテンの指示がなければ、何もできないチームになってしまう危険性がある。そのため、みんなで協力し合った方が強いチームができるということをキャプテンに伝えたのである。

この言葉から何を読み解くか　～部員が自立するリーダーシップを取れ～

指導者のメッセージは、「自立した部員になれるようにリーダーシップを発揮せよ」である。リーダーの役割とは、各部員が自分で考え、判断し行動できるようなチームにすることであり、その方が強くてよいチームになれる。

心理学では、リーダーが中心となるが、メンバーが話し合って物事を決めたり、具体的な作業はメンバーに任せたりするリーダーシップの型を、**民主的リーダーシップ**と呼んでいる。民主的リーダーシップのもとでは、メンバーの意欲は高まり作業の質も向上するとされている。これに対して、自主的なメンバーの判断や行動を重視せず、リーダーの考えを一方的に伝え、そのとおりに行動させるリーダーシップの型を**専制型リーダーシップ**と呼んでいる。

この指導者は、専制型リーダーシップでは、チームが強くならないと考えていた。部員がキャプテンの指示を待つだけになってしまうと、その依存的な姿勢は競技にも反映する。そのためキャプテン一人が問題を解決するのではなく、全員が話し合うなどして自主性を持って問題を解決することが大切だと考えていた。指導者がこのような考えを伝えたことで、選手は強いチームを作るためのリーダーシップの取り方がわかり、意欲を回復させたのである。

活用する時のポイント

民主的リーダーシップの考え方は、みんなをぐいぐい引っ張っていくタイプのキャプテンに対して教えると効果が期待できる。問題をみんなで解決する自主性が、チームに生まれる可能性が高まるからである。また、民主的リーダーシップのもとでは、問題解決のための話し合いが多くなる。その際、部員の自主性を育成するためには、部員に「何が問題か」だけでなく、「どのように解決したらよいか」についての話し合いをさせることが大切である。部員が不満ばかりを言っていては、自分たちで解決するという自主性が育たないからである。

○ 好ましい表現

「部員には、何が不満なのかだけでなく、どうしたら解決するかについても話し合いをさせるんだよ。」

……自主的に解決しようという気持ちが生まれやすくなる。

× 好ましくない表現

「部員には、何が不満なのかについてしっかり話し合いをさせるんだよ。」

……不満ばかり出て、部員の自主性が育ちにくい。

関連例文▶教育場面No.28・ビジネス場面No.26

31

キャプテンとして責任を
感じているのはわかっている。
しかしお前に元気がないと
部員も元気がなくなる。
引退まで、
お前のやれることをすべてやれ。

私は中学校時代に陸上部に所属していた。中学校最後の大会を控えている時に、靭帯を損傷し、試合に出られなくなってしまった。今まで頑張ってきたことがすべて無駄になったと思った。キャプテンを務めていたので、部員にどう接すればよいかわからず、部活に参加することができなくなってしまった。その時に顧問の先生に呼ばれ、いろいろ言葉をかけてもらった。部活に参加できなかった自分の情けなさ、悔しさなどの感情が入り交じり、涙が止まらなかった。次の日から部活に参加した。自分が引退するまでは、朝一番に学校へ行き、その日の練習で使う道具の準備、片付けなどを行った。顧問の先生からは「戻ってきてクラブの雰囲気がよくなった」と言われた時はうれしかった。自分がどん底に落ちている時こそ、元気でいることが大切だと学ぶことができた。

（当時：中学三年男子）

選手の気持ち・指導者の気持ち

キャプテンが試合の直前にけがをすると、かなり精神的に苦しむ。試合に出場できないだけでなく、キャプテンとしての仕事も満足にできなくなるからだ。この選手も部員に申し訳なく思い、その苦しみにとらわれていた。そして部員にどう接すればよいかわからず、部活に参加できなくなってしまったのである。

一方指導者は、キャプテンが落ち込んで部活動に参加できなくなってしまったことから、部員に元気がなくなり、チームの雰囲気が暗くなってしまったことを気にしていた。確かに、キャプテンの苦しみは理解できる。しかしキャプテンになったからには、最後までキャプテンとしてチームに存在感を示して欲しい。自分のことだけでなく、チーム全体のことも考えて欲しい。このような思いから、指導者は選手に言葉をかけたのである。

この言葉から何を読み解くか ～役割を演技する～

指導者のメッセージは、「どん底に落ちても、元気よく振る舞うのがキャプテンだ」というものである。キャプテンになった以上は、苦しくても自分の気持ちをコントロールし、キャプテンの仕事をやり遂げる大切さを指摘している。

心理学では、ある役割を遂行することを**役割演技**と呼んでいる。その役割を「演じる」ということは、個人的な感情がどうであれ、その役割に求められている態度をしっかり示すことが必要であるということを意味している。たとえば俳優が、気持ちが暗く沈んでいる時であっても、楽しく笑う演技を求められる場合では、自分の気持ちをコントロールして、楽しく笑わなければならない。役割演技もこれと同じである。その役割を遂行することが辛い時もあるが、社会的責任を果たさなければならない。個人的な感情によって、その役割の遂行の仕方が異なってはいけないのである。だから役割は「演じる」ものなのである。

指導者は、個人的な感情にかかわらず、キャプテンとしての役割を演じ切ることとの大切さを伝えた。この言葉によって、選手はキャプテンとしての社会的責任に気がつき、仕事をやり遂げることができたのである。

活用する時のポイント

役割演技という考え方はキャプテンだけでなく、主務やマネージャーなどの役割を担う者すべてに伝えるとよい。責任を自覚し、役割に一生懸命取り組むことが期待できる。個人の感情に振り回されることなく、社会的責任を果たせということはなかなか厳しい考え方であるが、社会に出た時に役に立つのである。

ただ責任を自覚するあまり、その役割を担うことにストレスを感じてしまう場合もある。責任の重さを過度に自覚する者に対しては、その役割を遂行することの辛さをねぎらう言葉を添える必要がある。

○ 好ましい表現

「キャプテンは、チームが暗い雰囲気の時でも、元気よく振る舞うんだよ。キャプテンって辛いよね。」

……キャプテンとしての辛さをねぎらう言葉を添えている。

× 好ましくない表現

「キャプテンは、チームが暗い雰囲気の時でも、元気よく振る舞うんだ。頑張れよ。」

……キャプテンとしての辛さをねぎらう言葉がない。

関連例文▶教育場面No.07・ビジネス場面No.16

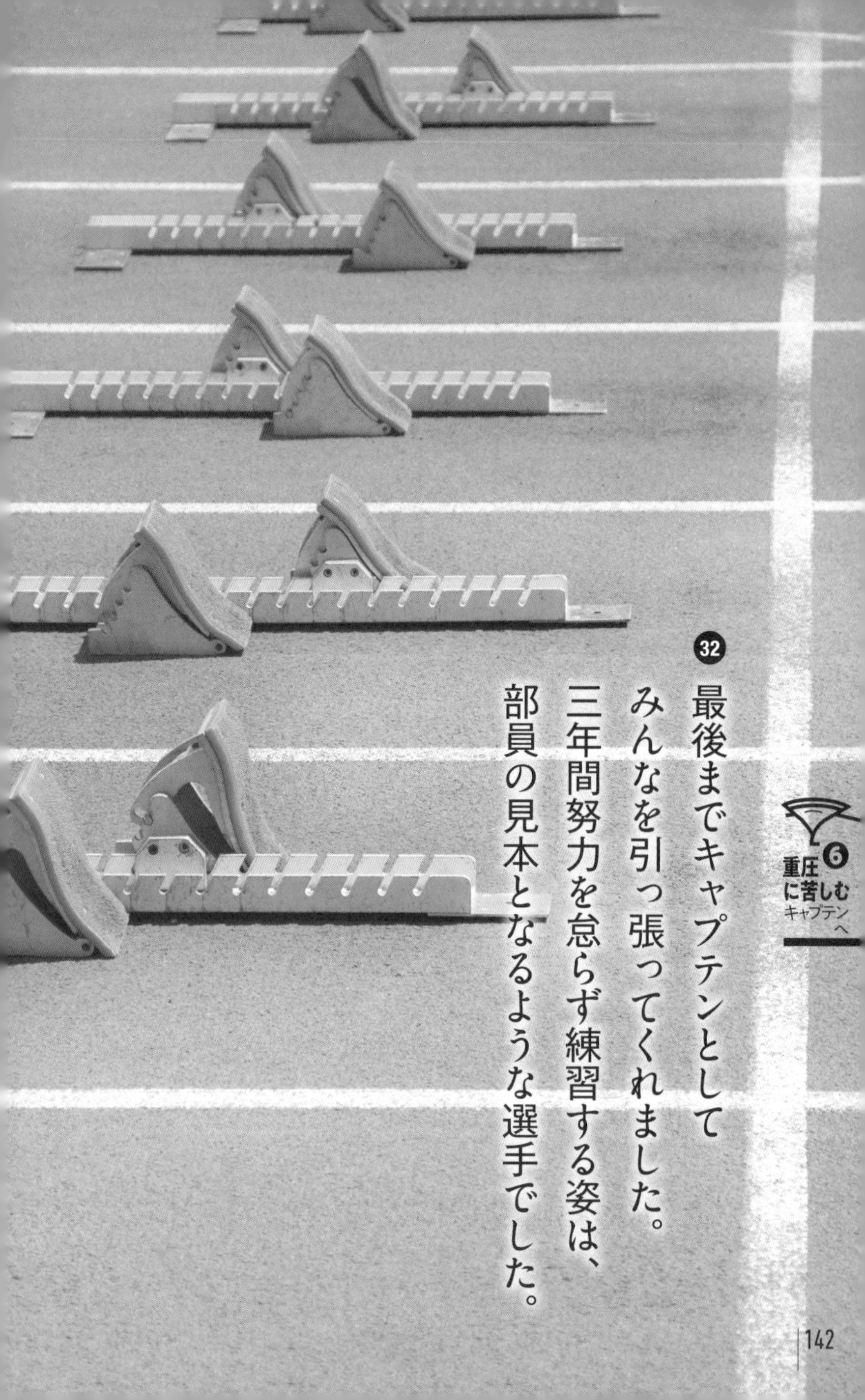

㉜

最後までキャプテンとして
みんなを引っ張ってくれました。
三年間努力を怠らず練習する姿は、
部員の見本となるような選手でした。

小学校、中学校と陸上部に所属していた私は、高校に入学すると同時に駅伝部に所属した。高校三年になりキャプテンになったが、試合では結果を残せず、後輩にも負けることが多くなった。さらに一緒に努力していた仲間が受験勉強のため退部し、誰にも悩みを相談できずにいた。いくら練習しても自己ベストは出ず、後輩との実力差も広がり、劣等感を強く感じていた。最後の大会後、地元の新聞に監督のインタビューが載っていた。その記事の中で監督が私について語っていた。この記事を見た時、高校三年間努力してきたことを監督は見ていてくれたと感じ、それまでやってきたことが報われた思いだった。

（当時：高校三年男子）

選手の気持ち・指導者の気持ち

キャプテンであるにもかかわらず、よい記録を残せずに、しかも後輩に抜かれることは辛いものである。先輩としてのプライドは傷つけられ、劣等感を抱くことになる。しかしキャプテンである以上、弱音を吐くわけにはいかない。落ち込んでいる気持ちを気づかれないように気丈に振る舞い、部を引っ張っていかなければならない。この選手は、同級生が早々と引退したために、このような苦しみを誰にも相談できず、一人で頑張っていた。最後の大会が終わっても、達成感や満足感を感じられず、その苦しい思いを引きずっていたのである。

一方指導者は、この選手が、競技成績を残せないために苦しみながらも、キャプテンとしての仕事にまじめに取り組んでいたことを評価していた。そして新聞記事のインタビューという機会を得て、その気持ちを口にしたのである。

この言葉から何を読み解くか ～間接的コミュニケーションを使って褒める～

指導者の言葉にインパクトがあったのは、内容もさることながら、その伝え方にある。選手に直接伝えずに、新聞記事を通して間接的に選手に伝えている点だ。

間接的に相手にメッセージを伝えると、予想外の効果を持つ場合がある。たとえば「◯◯さんが、あなたのことを褒めていたよ」と聞くと、直接言われるよりも喜びを感じることがある。面と向かって直接言われた場合は、お世辞かもしれないと割り引いて受け取るが、人づてに言われた場合は、お世辞ではなく、相手の言葉が真意であると受け取ることができるからである。

カウンセリング心理学では、相手に直接伝達しないコミュニケーションのことを**間接的コミュニケーション**と呼んでいる。間接的コミュニケーションの場合、相手に真意が伝わりやすいことから、信頼関係を強めたり、誤解を解消したりするなどの効果が期待できる。

この指導者の言葉は、間接的コミュニケーションによって伝えられたことで、率直に選手に伝わった。お世辞などではなく、指導者が本当に思っていたことが、選手にそのまま伝わったのである。

選手は、新聞記事を通して指導者の本当の気持ちに触れることができ、辛い気持ちを押さえながら、キャプテンとしてチームのために取り組んだことを評価してもらえたと感じ、救われた思いがしたのである。

活用する時のポイント

間接的コミュニケーションは、他者からの評価を気にする選手に対して用いると効果が期待できる。「他人からどのように思われているか」を気にしているため、「○○さんが褒めていたよ」などと伝えられると、とても安心し自信を持つことができる。

なお間接的コミュニケーションは、肯定的な内容を伝える場合にのみ使うことが大切である。選手を厳しく指導するために、否定的な内容を間接的コミュニケーションによって伝えてはならない。選手が激しく傷つくからである。

○ 好ましい表現

「最近あなたが部活動を頑張っていると、○○先生が褒めていたよ。」

……肯定的な内容を伝えている。

× 好ましくない表現

「最近あなたが部活動を怠けていると、○○先生が言っていたよ。」

……否定的な内容を伝えており、選手が激しく傷つく危険性がある。

関連例文▶教育場面No.21・ビジネス場面No.38

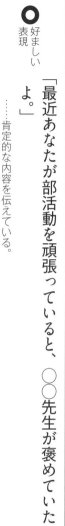

33

キャプテンのお前には、
誰よりも厳しく接してきた。
より高いものを求めてきた。
苦しかっただろう。
最後は思いっきり自由に
力を発揮してこい。

私は野球部で最上級生になってからキャプテンを務めた。キャプテンとしてチームを引っ張っていけるように努力していたが、チームとしてよい成績を出せずにいた。指導者からもよく叱られていた。キャプテンとしての責任を全く果たすことができないという悔しさと、どのようにしていけばチームはよくなっていくのかということを悩みながら、日々の練習をしていた。最後の夏の大会の前日、コーチから電話がかかってきてこのように言われた。自分の苦しみを理解してくれていたことがうれしく、キャプテンとしてのプレッシャーから解放されたように思えた。

（当時：高校三年男子）

選手の気持ち・指導者の気持ち

キャプテンは、部員の人間関係をまとめて一体感を形成したり、個々の選手の競技能力を向上させてチームの勝率を上げたりすることが役割である。しかしこの選手は、チームの競技成績の不振からキャプテンの役割を十分に果たしていないと考え、大きな責任を感じていた。

指導者は、キャプテンだけに高い要求を出すなど、厳しく接していた。キャプテンとして成長することを期待し、またこの選手はその期待に応えてくれる力があると信じていたからである。ただキャプテンに対し、特別に厳しく接することは大きなプレッシャーがかかるため、申し訳なさも感じていた。そのため最後の大会だけは、キャプテンとしての役割から解放され、一人の選手に戻って自由にのびのびプレーをしてほしいと考え、この言葉を口にしたのである。キャプテンを一生懸命務めたこの選手に対するねぎらいでもあり、また感謝の気持ちでもあった。

この言葉から何を読み解くか ～責務を果たしたことをねぎらう～

指導者のメッセージは二つある。一つは「期待していたので、あえて厳しく接した」というものである。指導者は、選手に能力や適性があると、それを伸ばそうと高いレベルの要求を出す。一段と成長した姿を見たいと願うものである。もう一つは「苦しみながらも、期待に応えようとよく頑張ってくれた」というものである。期待を背負い、苦しみ悩みながらも、キャプテンとしての責務を果たそうと努力したことをねぎらったのである。特に「最後は思いっきり自由に力を発揮してこい」という表現には、最後ぐらいはキャプテンの責務から解放させたいという親心が示されている。

指導者が、なぜここまでキャプテンの責務に気を配ったのかと言えば、キャプテンという役割にかかる重圧を十分理解していたからである。周囲が想像する以上にキャプテンの役割の重圧はストレスであり、苦しみを与えるものであることがわかっていた。

カウンセリングの現場では、抑うつなどの症状の背後に、**役割の重圧**に押しつぶされてしまった事例が見受けられる。たとえば管理職に抜擢されたとたん、重圧を感じて抑うつ傾向になってしまったなどである。役割の重圧というのは、周囲からはなかなか理解されず、そのため本人が一人で抱え込み、苦しむ場合が多い。スポーツの世界でも例外ではない。キャプテンは役割の重圧に苦しんでいる。

この指導者は、キャプテンならではの役割の重圧の苦しみを十分理解し、責務を果たしたことのねぎらいと感謝の気持ちを選手に伝えたのである。

活用する時のポイント

責務を果たしたことをねぎらう言葉かけは、スポーツ場面におけるキャプテン、ビジネス場面におけるプロジェクトリーダーなど、何らかのリーダー的な役割を担っている者に対して用いると効果が期待できる。なお、キャプテンであるがゆえに厳しく接した場合には、そのことを率直に伝えた方がよい。指導者が厳しく接するのは、自分に対して不満を持っていると選手は受け取りがちだからである。

○ 好ましい表現

「キャプテンとして期待したので厳しく接したが、苦しみながらもよく頑張ってくれた。」

……厳しかったのは、期待されたためと選手が理解できる。

× 好ましくない表現

「厳しく接したので苦しみもあったと思うが、よく頑張ってくれた。」

……厳しかったのは、自分に至らない点があったためと選手が受け取る場合がある。

関連例文 教育場面No.37・ビジネス場面No.17

頑張りすぎの子どもへ

24
一生懸命練習しているが、自信を持てない生徒に対して
【自分に適した目標を持たせる】

「努力をすれば必ず達成できる目標が、現実的でよい目標だよ。その目標を積み重ねていけば、自信はついてくる。」

関連▶本文No.06

25
体調が悪くても、毎日の自主トレを完璧にこなそうとする選手に対して
【完璧主義に注意させる】

「完璧に練習をこなすことは大切だけど、体調が悪い時は逆効果。臨機応変に取り組もう。」

関連▶本文No.24

26
委員会のリーダーとなり、行事の計画を立案できずに悩む生徒に対して
【援助を求めることも重要なスキルだと伝える】

「委員長だからといって、一人で考えなくていいんだよ。みんなに相談してごらん。きっとよい案を出してくれる。」

関連▶本文No.28

27
委員会のリーダーに任命されて張り切っている生徒に対して
【部員の期待を把握させる】

「あなたの考えた活動をみんなにやらせようとしても、うまくいかないよ。まずは何をやりたいかみんなの気持ちを聞いてみよう。」

関連▶本文No.29

28
文化祭のリーダーとなって、一人で問題を解決しようとしている生徒に対して
【部員が自立するリーダーシップを取れ】

「みんなと話し合いながら解決してごらん。その方がみんなの問題解決の力が発揮される。」

関連▶本文No.30

7
一生懸命取り組むマネージャーに

34

お前は三年間、
文句も言わず
一人でよく頑張ってくれた。
辛いことが
たくさんあっただろうけど、
部員も先生も
お前の頑張りを知っていた。
三年間、お疲れ様。
ありがとう。

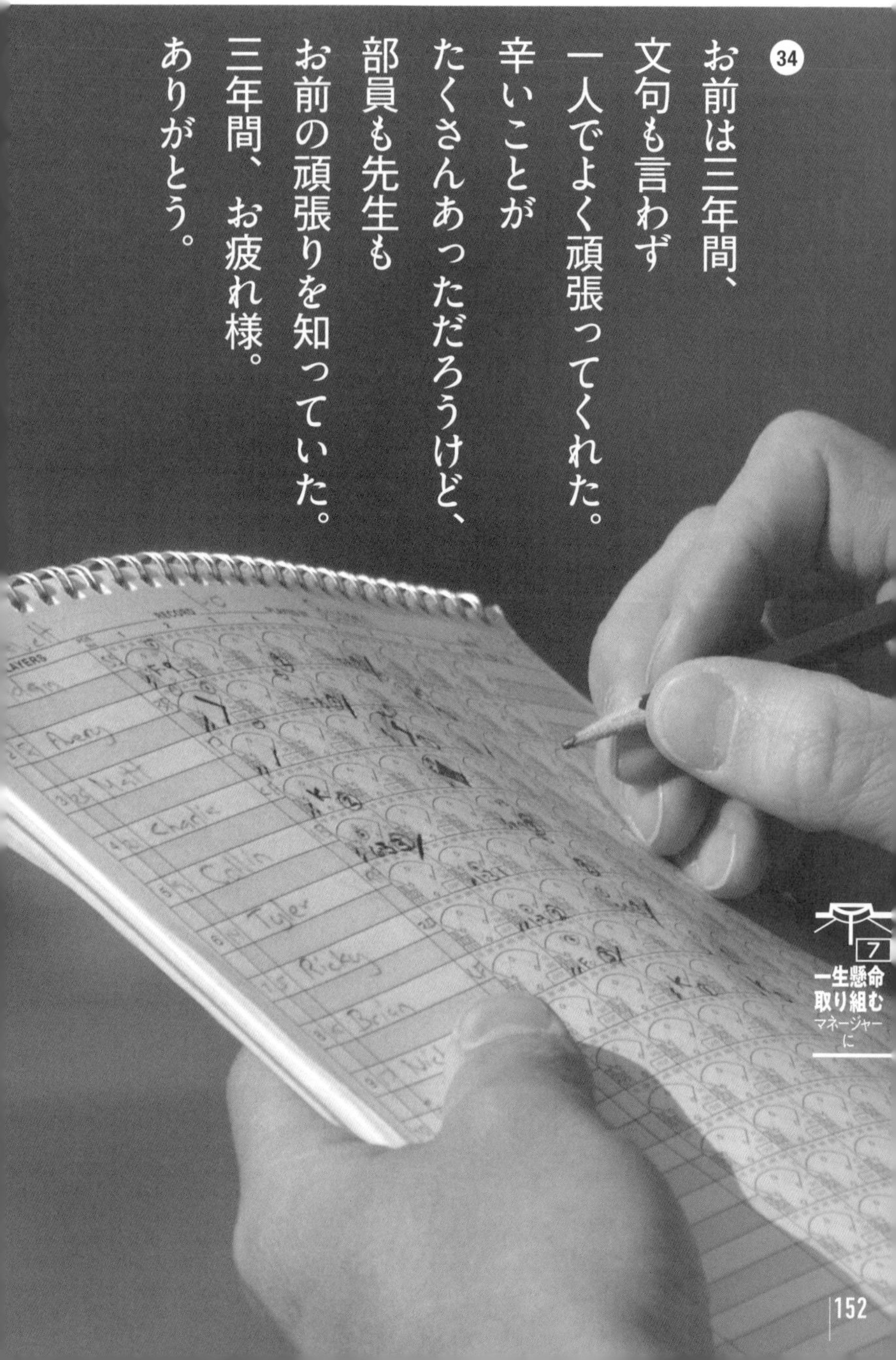

選手の気持ち・指導者の気持ち

高校時代は野球部のマネージャーを務めていた。マネージャーは、毎日誰よりも早く学校に来て練習や試合の準備をし、部員のサポートをするなど辛いものだった。三年になり、最後の大会が目前に迫る中、私は本当に部員の支えになれただろうかと悩むことが多くなった。自分なりに精一杯サポートしてきたつもりだったが、もっとできることがあったのではないかと思えば思うほど、部活が苦痛だと感じるようになってしまった。引退する時、悲しい、悔しい、やるせないなど複雑な気持ちで一杯だった。そのような時に、部長がかけてくれた言葉である。自分のことをしっかりと見てくれている人がいたんだと思うと、三年間続けてよかったと心の底から思えた。

（当時：高校三年男子）

選手の気持ち・指導者の気持ち

マネージャーの苦しみの一つは、やりがいや達成感を得にくいことである。裏方の仕事であるため、仕事の成果をみんなが意識することはあまりない。その仕事が行われて当然という感じで受け取られてしまいがちである。選手ならば、努力をすることにより競技力が向上し、それがプレーに現れて誰からも認められることになる。そしてレギュラーの獲得という形で報酬が与えられる。つまり達成感を得やすいのである。しかしマネージャーは自分の仕事が本当にみんなの役に立っているのか確信が持てず、悩んでしまうこともある。このマネージャーもそのような状況となり、部活に行くことが苦痛になるほど、苦しんでいた。

一方指導者は、このマネージャーが普段から一生懸命に仕事に取り組んでいたことを知っていた。

そしてマネージャーという仕事に悩みを抱え、苦しんでいることも知っていた。そこでマネージャーをねぎらったのである。

この言葉から何を読み解くか ～達成感を感じさせる～

指導者の言葉のメッセージは、「マネージャーとしてのお前の努力は、部員や先生方は認めているし、その努力の成果は十分上がっているよ」というものである。努力の成果を評価し、**達成感**を感じさせようとしている。

カウンセリングの現場では、一生懸命に仕事に取り組んでいるのにもかかわらず、やりがいを喪失し、意欲減退に悩む事例が見受けられる。その原因の一つは、周囲から評価されていないと感じ、達成感を味わっていないことである。「自分の仕事は、チームにとって意味があったのだろうか」と思ってしまうのである。このマネージャーは「私は本当に部員の支えになれただろうかと悩むことが多くなった」と語っているが、特に問題なく仕事を行っていても、周囲から評価されないと、このように自分の仕事の意義について疑心暗鬼になってしまうのである。

この指導者は、マネージャーが引退時まで悩みを引きずっていたことから、達成感を感じさせる言葉かけをした。マネージャーは、指導者から評価をされたことにより、達成感を感じることができ、マネージャーの仕事に誇りを持って引退することができたのである。

活用する時のポイント

達成感を感じさせる言葉かけは、マネージャーだけでなく、人知れず努力を重ねている選手に対しても用いると効果が期待できる。こうした選手は、周囲から評価を受けないために、達成感を感じにくいからである。

なお、指導者の目に留まった行為だけを評価するのではなく、誰の目にも留まらない努力についても言及することが大切である。「目立たないところで努力していることも知っているよ」というメッセージを出すことにより、一層達成感を感じられるからである。

○ 好ましい表現

「さっきだけでなく、いつも○○をしてくれてありがとう。」

……指導者の目に留まった行為だけでなく、目立たないところで努力していることも含めて評価している。

× 好ましくない表現

「さっき、○○をしてくれてありがとう。」

……指導者の目に留まった行為だけを評価している。

関連例文▼教育場面No.22・ビジネス場面No.27

35

このチームは
お前あってこそだよな。
たった一人で、
自己中心的な部員を
上手にまとめたんだもんな。
お前じゃなかったら、
できなかった。

ただ野球が大好きという理由で始めたマネージャーだった。私の所属した野球部は、後輩たちが問題児ばかりで、素行はよくなかった。もし不祥事が起これば、試合に出場できなくなる。私は毎日の練習が終わった後、後輩と一緒に下校し、コミュニケーションを取るようにした。時には素行のことも注意した。しかし、後輩たちからはおせっかいと言われ、先生みたいに指導するなと言われた。ただある後輩が私の気持ちを理解してくれ、同級生に説明してくれた。それ以後、驚くほどチームが変わった。夏の最後の大会の一週間前の練習中、監督へノックのボールを私が渡している時に、監督から声をかけられた。監督はチームの変化に気づいていた。監督からこのような言葉をかけてもらい、うれしかった。

(当時：高校三年女子)

選手の気持ち・指導者の気持ち

マネージャーの仕事は多岐にわたる。練習日程を組み、部費の管理をし、大会にエントリーし、時には監督の補助もするし、部員の相談相手にもなる。いずれも裏方の仕事である。目立つこともなく、努力が認められることは多くはない。しかしそれがマネージャーというものだと、マネージャーは自覚をし、仕事に励むのである。

一方指導者は、マネージャーの重要性をよく理解していた。選手たちは、指導者に心を開かなくても、マネージャーには心を開く。マネージャーは裏方であるがゆえに、選手たちが気軽にいろいろと話をするので、監督が知らないさまざまな情報が自然と集まってくる。このようにマネージャーという仕事は重要である。

特にこのマネージャーが優れた働きをしてくれたことを、指導者は認めていた。ここまでの仕事をこなせるのは、このマネージャーしかいないとさえ思っていた。だからこそ能力が高いことを認め、褒めたのである。

この言葉から何を読み解くか ～役割の適応能力を褒める～

指導者のメッセージは、「マネージャーとしてすごい力を持っている」というものである。マネージャーとしての役割をこなす能力を認め、賞賛したのである。一般的にマネージャーの仕事は運営管理が中心となるが、このマネージャーは後輩たちの気持ちを把握し、時には素行を注意するなど、スポーツカウンセラーやメンタルトレーナーのような働きもしていた。他の部員にはできない専門職のような働きである。

心理学では、役割として与えられた仕事を的確にこなし、責任を十分に果たせる能力を、**役割適応能力**と呼んでいる。この指導者は、このマネージャーの役割適応能力の高さを賞賛したのである。指導者の言葉の背後には、マネージャーに対する厚い信頼が感じられる。指導者は、マネージャーの役割適応能力の高さを認めると同時に、人間的にも信頼していた。そして監督が後ろから見守っていてくれたからこそ、マネージャーは安心していろいろな活動を積極的にやることができたのである。

活用する時のポイント

マネージャーに対して役割適応能力を評価する場合は、一般的な雑務ではなく、マネージャーとしての専門的な仕事を評価する方がよい。たとえば、「部員の疲労度を把握して、練習メニューを変更していた」とか「部員の気持ちをよく理解し、上手に相談にのっていた」といったように専門的な仕事を評価すると、マネージャーの自尊心が満たされ、アイデンティティーを確立しやすくなる。他の部員にはできない仕事を担当している実感が得られるのである。一方「テキパキと事務をこなす」などの一般的な仕事に対する評価では、マネージャーとしての自尊心は満たされにくい。

〇 好ましい表現

「部員によってトレーニングで鍛えるべき筋力が違うことを把握しているなんてすごいな。他の部員にはできないことだね。」

……専門的な仕事を評価しており、マネージャーとしての自尊心が満たされる。

✕ 好ましくない表現

「お前は、練習試合の日程の組み方がうまいな。なかなかこんな上手にはできないよ。」

……一般的な仕事を評価しているため、マネージャーとしての自尊心は満たされにくい。

関連例文▶教育場面No.23・ビジネス場面No.28

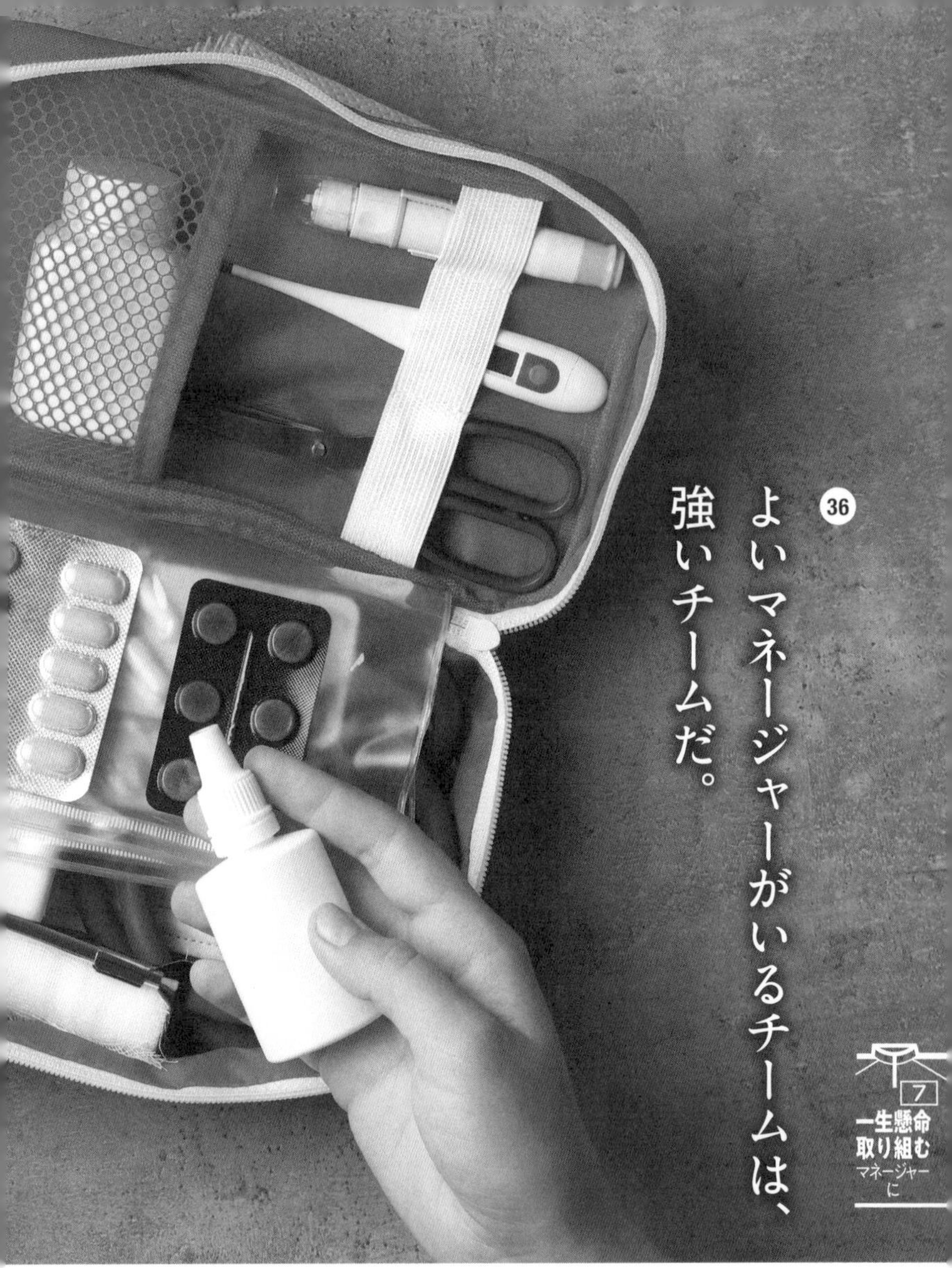

36

よいマネージャーがいるチームは、強いチームだ。

高校時代野球部に所属していた時、腰をけがして選手を続けることができなくなり、マネージャーとして野球部に残ることになった。同級生はグラウンドではつらつとプレーをしているのに、自分はもう試合に出ることができないと考えると、部活に行くのが嫌になった。そんな時、監督から声をかけられた。この言葉によって、自分がよいマネージャーになることによって、強いチームになるのなら、やるしかないと思うようになった。それからチームに貢献できるよう精一杯努力をした。今ではこのチームに残って三年間続けたことを誇りに思っている。

（当時：高校二年男子）

選手の気持ち・指導者の気持ち

けがなどによりやむを得ず選手からマネージャーに転向した者の心境は複雑である。本来ならば、選手としてグラウンドを走り回っているのにという思いを払拭できないからである。マネージャーの仕事はチームにとって欠くことのできない重要な仕事ではあるが、チームの勝敗には直接関係がないと考える選手が少なくない。この選手もそう考えて、マネージャーの仕事に意欲がわかなかったのである。

一方指導者は、マネージャーの仕事はチームの勝敗と密接に関係があると考えていた。マネージャーの行き届いた段取りによって、練習メニューがスムーズに進行して練習効果が高まる。また、選手の体調についてのマネージャーからの報告は、指導者にとって選手起用の有益な情報となる。さらにマネージャーが相談相手となることによって、選手は気持ちの整理ができモチベーションを維持することができる。こうしたマネージャーの働きが、結果としてチームの勝敗に影響を与えることを知っていた。そこでマネージャーの仕事は、チームの勝敗に影響を与える重要な要因であることを伝えたのである。

この言葉から何を読み解くか ～因果関係を明確に示して意欲を高める～

指導者のメッセージは、「マネージャーがよい仕事をすれば、チームの勝利に貢献する」というものである。大胆に言えば、マネージャーの仕事とチームの勝敗は因果関係があるということである。

モチベーション理論では、原因と結果を明確に提示すると意欲が高まることが指摘されている。自分が努力（原因）するほど成果（結果）が上がる、つまり因果関係が明確であると、人は意欲を高めるということである。

この理論に従えば、自分がよい仕事をするほどチームの勝率が上がることがわかれば、マネージャーは一生懸命よい仕事をしようと意欲を高めることになる。逆に、マネージャーの仕事とチームの勝率に全く関係がなければ、自分が一生懸命よい仕事をしたところでチームの勝率は上がらないので、マネージャーは意欲を高めないということになる。

選手は、いくらマネージャーの仕事を熱心に行っても、チームが勝利することとは関係ないと考えていたが、指導者がマネージャーの仕事とチームの勝敗の因果関係を明確に示したことから、仕事の重要性を再認識し、意欲を回復させることができたのである。

活用する時のポイント

因果関係を明確に示す言葉かけは、練習意欲が高まらない選手に対して用いると効果が期待できる。練習意欲が高まらない選手は、その努力をすると、結果としてどのように成果が得られるのかという因果関係を明確に認識していない。たとえばある部位の筋力を強くすると（原因）、投げた球の速度が上がる（結果）というように、因果関係を明確にした表現が有効である。自分の努力が、どのような結果として現れるのかが明確になると、意欲を回復させやすいのである。

○好ましい表現

「この筋力を強くすると（原因）、投げた球の速度が上がるので（結果）、今日はこのトレーニングをしよう。」

……因果関係が明確に示されている。

×好ましくない表現

「今日はこのトレーニングをして、この筋肉を鍛えておけよ。」

……トレーニングの成果が示されておらず、因果関係が明確ではないので意欲が上がりにくい。

関連例文 教育場面No.12・ビジネス場面No.06

努力をさせたい子どもへ

29 **部活動で練習メニューをこなせず、意欲が減少している生徒に対して**
【自己効力感を高める】

「この練習メニューをこなすことは、けっこう大変だ。でもあなたは、粘り強く取り組む力を持っていると思う。」

関連▶本文No.01

30 **教師からいろいろな要望を出され、不満に思っている学級委員に対して**
【コミュニケーションの文脈（自分の意図）を示す】

「私がいろいろと注文をするのは、あなたがやり遂げる力を持っていると思っているから。あなたなら、きっと期待に応えてくれる。」

関連▶本文No.02

31 **部活動で練習メニューをこなすだけになっている生徒たちに対して**
【主体的に考えさせる】

「先生に指示されたからではなく、何のためにこの練習メニューを行っているのかを考えること。そうすると練習の効果が上がる。」

関連▶本文No.07

32 **試験のケアレスミスが多く、指導しても減らない生徒に対して**
【楽観的な態度に注意させる】

「ケアレスミスは、たまたま起こっただけだと誰もが考えがちだ。しかし油断しているとケアレスミスはなくならないよ。」

関連▶本文No.08

33 **試験の成績が悪く、能力がないと嘆く生徒に対して**
【意欲が出るように原因を定める】

「成績が悪かった原因は、能力がないためではなく、単に勉強不足のためだ。もっと勉強すれば成績は上がる。」

関連▶本文No.10

34 **体育の授業で、動作がうまくできない生徒に対して**
【具体的な動作をイメージさせる】

「まず取り組むべき動作のポイントを確認してみよう。そして上手にできた動作をイメージしながら練習してごらん。」

関連▶本文No.11

35 **合唱コンクールの厳しい練習に取り組んでいる生徒たちに対して**
【チームには相互作用があることを伝える】

「厳しい練習は、一人では挫折しやすい。でもみんなで励まし合いながらやれば、不思議と乗り切れるものだ。」

関連▶本文No.15

36 **大会で優勝した翌日に選手たちに対して**
【勝っても防衛的悲観主義になれと伝える】

「もう優勝したことを忘れろ。自分たちよりも強いチームがいると思え。その方が謙虚になれる。」

関連▶本文No.26

8 引退する選手に

37

お前のエラーなんか、
みんなすぐに忘れる。
今までの練習に対する姿勢や、
チームに貢献してくれたことが、
みんなの心に残っている。

高校の野球部の最後の試合。自分のエラーで負けてしまった。このエラーによって、自分が今まで練習してきたことが、何もかもなくなってしまったように思えた。一緒に頑張ってきたみんなに申し訳ないと思い、自分を思いっきり責めていた。その時に監督にかけてもらった言葉である。結果も大事だが、その過程が大事だということに気付くことができた。今の自分にも大きな影響を与えている。

（当時：高校三年男子）

選手の気持ち・指導者の気持ち

高校最後という大切な試合。たとえ敗れるにしても、全力を尽くし、思い残すことなくグラウンドを去りたい。そんな思いを選手なら誰もが抱くであろう。この選手もそう思っていた。しかし自分のエラーによってチームが負けてしまった。もし自分のエラーがなかったら、違った試合展開になっていたかもしれないと、悔やんでも悔やみ切れない思いにとらわれ、自分を責め続けていたのである。

指導者にとっても、大切な試合がエラーによって終わってしまうのは残念である。ただ最後の試合が終わり、エラーをして自分を責めていた選手の顔を見た時、指導者の胸の内に沸き上がってきたものは、「これまでこの選手に、いろいろなことをしてもらってきたな」という感謝の気持ちだった。練習を一生懸命頑張り、チームのためにさまざまな活動に取り組むこの選手の態度は、部員たちの心に残っていた。今後チームに引き継がれる貴重な財産である。試合の勝敗よりも、このことの方がチームにとって大切ではないのか。指導者はそう考えて、これまでチームのために取り組んできてくれたことへの感謝の気持ちを選手に伝えたのである。

この言葉から何を読み解くか ～深い感謝を示す～

指導者のメッセージは、「これまでチームのために活動してくれて感謝している」というものである。指導者であってもエラーをしたことに対して悔しい気持ちもあったであろうが、一時的な感情に振り回されることなく、選手に対するこれまでの自分の気持ちを振り返り、深い感謝の気持ちを示している。

臨床心理学には**内観療法**という技法がある。内観療法では、特別な空間に身を置き、父母を思い出し、「これまでしてもらったこと」等を振り返るのである。我々は父母から深い愛情を受け、育ててもらって成長してきた。しかしそのことを忘れ、父母にわがままを言い、時には反抗してしまう。内観療法を行うと、普段忘れていた父母の恩を思い出し、深い感謝の気持ちが生まれる。あるいはその恩に報いていない自分を恥じ、情けなく感じる。このような体験によって、親子関係や夫婦関係などが改善されることが期待されている技法である。

試合が終わった時の指導者の気持ちは、内観療法によって生まれる感謝に似ている。エラーによって負けた試合の直後であったが、選手のこれまでの取り組みや態度を思い出すことによって、深い感謝の気持ちが生まれている。指導者のこの気持ちによって、選手は救われた思いをすることができたのである。

活用する時のポイント

深い感謝の気持ちを示す言葉かけは、選手が引退する時に用いると効果が期待できる。これまでの選手の取り組みを振り返り、感謝の気持ちを伝えることは、選手に深い喜びを与える。

また、普段の活動の中でこの言葉かけを用いると、チームの一体感を作り出す効果も期待できる。たとえばミーティングで他の部員に助けてもらったことを各自に振り返らせるグループワークを行うことによって、改めて感謝の気持ちが生まれることがある。

なお、深い感謝の気持ちを伝える時は、否定的なことを付け加えないように注意する必要がある。効果が半減するからである。

○ 好ましい表現

「お前の○○の行動にとても感謝をしているよ。」

……深い感謝の気持ちだけを伝えている。

× 好ましくない表現

「お前の○○の行動はよくないが、○○の行動はとても感謝をしているよ。」

……否定的なことを付け加えているため、効果が半減している。

関連例文 教育場面No.38・ビジネス場面No.29

㊳
甲子園のメンバーから
外して申し訳なかった。
しかし勝負の世界だ。
勝つためには仕方がない。
大学は、その悔しさを
胸に頑張ってくれ。

小学校四年から野球を始め、高校三年の県大会では背番号をもらって試合に出場し、優勝メンバーとなることができた。しかし夏の甲子園では、自分はメンバーに入ることができなかった。卒業式の日、監督から声をかけられた。監督は自分の気持ちをわかってくれていたんだなと思い、うれしかった。甲子園のメンバーから外れ、納得した野球ができていないので、大学では完全燃焼したいと思った。この監督に結果で恩返しをしたいと思った。

（当時：高校三年男子）

選手の気持ち・指導者の気持ち

高校球児ならば誰もが憧れる甲子園。この選手は県大会では試合に出場したが、甲子園ではベンチに入ることができなかった。グラウンドでプレーする選手をスタンドから応援することは、辛く悔しいものだった。甲子園のグラウンドでプレーすることができなかったという思いは、引退してからもずっと心に残っていたのである。

この辛い気持ちを監督はわかっていた。厳しい勝負の世界のこととはいえ、高校球児にとってベンチに入れない悔しさは、十分理解できることだった。ただ、悔しい気持ちだけで終わらせるのではなく、むしろ悔しさをバネに、大学で頑張って欲しいと指導者は願っていた。今よりも一層成長した姿を見せて欲しいと思っていた。そこで選手に、悔しさを胸に大学で頑張れと語りかけたのである。

この言葉から何を読み解くか ～未完の行為を実現させる～

指導者の言葉のメッセージは、「納得できないからこそ人は次の段階で頑張ろうとするんだよ。だからその悔しさを忘れるな」というものである。あるいは「この悔しさを大切にして、次の段階での原動力にせよ」というものである。

臨床心理学では、やり遂げられなかったことが、その後の人生においても気になり、好ましくない影響を与えることを**未完の行為**と呼んでいる。人は誰でもさまざまな夢を持つが、多くは実現できずに、いつの間にか心の中から消え去っていく。しかし、ずっと心に残り続ける夢がある。これを未完の行為というのである。この選手にとっては、甲子園のグラウンドでプレーをすることが、未完の行為といえるだろう。

ただ、未完の行為は、次の段階での原動力にもなる。今度こそは夢を実現させるぞと、悔しさをバネにして頑張るからである。そのため指導者は、この悔しさに焦点を当て、大学で頑張れる原動力となるように方向付けをした。方向付けをしないと、単なる挫折体験として、悔しさとともにその後の人生で引きずっていく危険性がある。

指導者の言葉によって、選手は目標を再構成することができ、今後に向けて意欲を深めることができたのである。

活用する時のポイント

未完の行為を実現させる言葉かけは、レギュラーになれなかった選手や、試合でよい成績を残せなかった選手など、挫折体験を味わった選手に対して用いると効果が期待できる。このような選手は、挫折体験を引きずって次の段階に進めないでいる可能性があるため、悔しい気持ちがあるからこそ、人は次の段階で頑張るものだということを伝えることが必要である。つまり悔しさをバネに、未完の行為を次の段階で実現させようとすることが大切なのである。

ただスポーツの世界には、「悔しさは、早く割り切って解決するものだ」という考え方もある。悔しくて、悶々としていて前に進めない状態をイメージするのであろう。

しかし上手に方向付けをすれば、悔しいという感情は決して否定的なものではない。次の段階での努力を意識させることによって、原動力となりうるものである。

○ 好ましい表現
「この悔しい気持ちをバネに、次の段階で頑張るんだよ。」
……次の段階を意識させ、悔しさが原動力になることを示している。

× 好ましくない表現
「この悔しい気持ちを引きずるな。割り切ることが大切だ。」
……悔しさを否定的に扱っている。

関連例文▶教育場面No.39・ビジネス場面No.39

39

三年間よくがんばりました。
後輩たちがけがをしても
コートに足を運んでいるのは、
けがをしてもチームのために
できることをしている
あなたの姿があったから。
後輩たちにつながっていて、
うれしく思っています。

私は高校三年間、満足に部活で練習ができなかった。けがを一年から三年まで繰り返したからである。なかなか練習もできず、試合に出てもよい結果を残せなかった。技術は上達することもなく、部活に参加している意味があるのかなと感じる時もあった。でも自分にできることをやろうと、筋トレや球拾い、声出しなどに一生懸命に取り組んだ。引退の時に、顧問から言葉をかけられた。試合でよい結果を残せなかった自分でも、後輩に伝えられることがあったんだと実感することができ、とてもうれしく感じた。

（当時：高校三年女子）

選手の気持ち・指導者の気持ち

けがを繰り返す選手は少なくない。一度けがをすると、その部位の筋力が低下して再発したり、他の部位に負担がかかって新たなけがをしたりする。そのため思う存分練習ができなくなる。この選手も、高校三年間、けがを繰り返して練習ができず、選手として十分な成長ができなかった。部活に参加している意味があるのかと思っていた。そのため引退を迎えた時、部活を続けた達成感はなく、手応えも感じられなかった。

一方指導者は、けがに苦しみながらも部活を辞めず、他の部員のため、チームのために活動を続けていたこの選手を立派だと思っていた。しかも、取り組みは後輩たちによって引き継がれようとしている。この選手は、チームのために取り組むという姿勢をチームに残してくれた。そこで指導者はねぎらいと感謝の気持ちを、選手が引退する時に伝えたのである。

この言葉から何を読み解くか ～チームの文化への貢献を評価する～

指導者のメッセージは「あなたの行動は、チームの文化として、後輩たちに引き継がれているよ」というものである。つまり、この選手の行動を後輩たちが評価し、モデルとして取り入れ、その結果チームのあるべき行動として共通認識されるようになったということを示している。

チームの文化とは、そのチームに属する部員たちに共通する認識や行動様式のことであり、そのチームの雰囲気を作り上げるものである。たとえば「自分の弱みを見せてもよい」という文化のチームもあれば、「みんながライバル関係であり、弱みは見せない」という文化のチームもある。文化の違いによって、チームの雰囲気が穏やかなものになったり、緊張感が漂うものになったりする。

スポーツ心理学の研究によれば、チームの文化が部員の競技成績に影響を与えることが報告されている。たとえば女子大学生の集団競技では、自分の意見をはっきりと言えるようなチームの文化は、競技成績を上昇させる要因の一つとなることが明らかにされている。

この指導者は、「けがをしても、できることをしてチームを支える」というチームの文化を残したことを評価し、選手に伝えた。この言葉により、活躍していない自分に存在意義があるのかどうかを疑問に思っていた選手は、チームの文化に貢献したことが認められ、部員として活動を続けたことに意義を感じることができたのである。

活用する時のポイント

チームの文化に貢献してくれたことを評価する場合は、その部員が意識的に努力した行動に焦点を当てることが大切である。努力した結果が認められたと感じ、達成感を感じるからである。あまり意識していない行動を評価されても、喜びはあるが、達成感はあまり感じられない。

〇 好ましい表現

「あなたはベンチが暗い雰囲気の時、あえて大声で応援していたね。おかげで後輩もあなたを見習うようになったよ。」

……意識的に努力したことを評価されて、達成感を感じることができる。

✖ 好ましくない表現

「あなたがベンチから大声で応援してくれたので、後輩もベンチから応援することが当たり前になったね。」

……この選手はもともと大声だったので、評価されても達成感が少ない。

関連例文 教育場面No.40・ビジネス場面No.40

40

よく頑張った。
何か一つの目標を達成するために
死ぬ気で戦った経験は、
今後のお前にとってよい財産になる。

選手の気持ち・指導者の気持ち

中学時代は野球部に所属していた。四番ショート、そしてキャプテンをやっており、チームの中心的な存在だった。そのため自分の力がどこまで通用するか挑戦したくて、野球の強豪校に進学した。しかしレギュラーどころか、高校三年の最後の試合まで、一度もメンバーに選ばれることはなかった。期待してくれていた中学時代の顧問に申し訳ない気持ちで一杯になり電話した。その時の顧問の言葉である。顧問は私を救う言葉をかけてくれた。私はこの時、この顧問のように生徒を見守り、生徒を救えるような教師になりたいと思った。

（当時：高校三年男子）

選手の気持ち・指導者の気持ち

選手にとって、薫陶を受けた指導者の存在は大きい。その指導者の人徳、品格に感銘を受け、その教えのすべてを自分の身体に染み込ませるかのように吸収しようとする。スポーツの面だけでなく、人間性の面においても大きく成長させてもらった恩師である。この指導者に喜んでもらうために、ぜひとも高校ではレギュラーとなって活躍したい。この選手は、そのような思いを胸に高校の野球部に入部したのである。しかし、一生懸命練習に取り組んだが、結局レギュラーになることはできなかった。恩師の期待に添うことができなかったという申し訳ない気持ち、そして挫折感がいっぱいとなって、恩師に電話をしたのである。

一方指導者は、選手がレギュラーになるという目標を目指して一生懸命努力したことは無駄ではないことを知っていた。目標を達成できなかったが、その目標に向かって努力を重ねたことは、今後の人生において必ず役に立つはずである。そのことを選手に伝えたのである。

この言葉から何を読み解くか　～挫折体験に肯定的な意味付けをする～

指導者のメッセージは、「お前の努力は無駄ではない。今後必ず役に立つ」というものである。つまり現時点では努力の成果は出ていないが、将来は必ず実を結ぶということを意味している。

健康心理学では、辛く苦しい状況を肯定的に意味づけて乗り切ることを、**肯定評価**と呼んでいる。たとえば中学校時代に友人関係で悩んだ経験は、辛く苦しい体験ではあるが、友人関係では何に気をつけなければならないかなどを学ぶことができ、その後の友人関係に生かされてくる。悩んだ経験は、見方を変えれば、肯定的な意味を見出すことができるのである。

ただ苦しい状況のまっただ中では、苦しい思いを何とかしたいという思いで一杯になるため、肯定的な意味を見出す精神的余裕はない。誰かに教えてもらわないと、このような見方はできないのである。

この指導者は、レギュラーになれなかった経験に肯定的な意味を見出し、たとえ野球を続けなくても、この経験は決して無駄ではないことを選手に伝えた。この言葉によって、レギュラーになれなかったことは、決して挫折ではないと思うことができ、選手は救われた思いがしたのである。

活用する時のポイント

肯定的な意味付けは、けがをして試合に出場できなかったり、レギュラーになれなかったりした挫折体験を持つ選手に対して用いると、効果が期待できる。

挫折体験に肯定的な意味を見出すためには、長期的な視点に立って、この挫折体験を今後どのように生かすことができるかを考えるとよい。必ず何らかの肯定的な意味を見出せるものである。

また、肯定的意味付けをすることと、ねぎらうことは異なるので注意する必要がある。肯定的意味付けとは、相手にとってどのようなプラスの意味があるかを考えて、それを示すことである。

○好ましい表現

「よく頑張ったね。この体験で少しストレスに強くなったと思うよ。」

……ストレスに強くなったという肯定的な意味付けをしている。

×好ましくない表現

「苦しかったと思うけど、よく頑張ったね。」

……ねぎらっているだけで、肯定的な意味付けがない。

関連例文▶教育場面No.08・ビジネス場面No.07

卒業する子どもへ

37

自分のエラーによって試合に負けたと自分を責めている選手に対して
【責任を外在化する】

「マネージャーとして、目立たない仕事も一生懸命に取り組んでくれました。先生も部員も、感謝しているよ。」

関連▶本文No.33

38

卒業式の後、担任教師が生徒に挨拶する時
【深い感謝を示す】

「仕事がとても忙しかった時、先生はとても辛かったけど、気がつけばいつもみんなの笑顔がありました。どんなに元気づけられたことか。みんなには感謝の気持ちで一杯です。」

関連▶本文No.37

39

第一志望の高校に合格できなかった生徒に対して
【未完の行為を実現させる】

「この悔しさを忘れるな。高校で頑張って、大学受験で仇《かたき》を取れ。」

関連▶本文No.38

40

部活動で、試合に出場する機会がなかった選手に対して
【チームの文化への貢献を評価する】

「あなたは、チームのムードメーカーだった。どんなにチームの雰囲気が明るくなったことか。ありがとう。」

関連▶本文No.39

シーン別使えるフレーズ ビジネス編①

失敗に悩む部下・後輩へ

01 商談に失敗した部下に対して

【無条件の信頼を示して安心させる】

「商談が失敗しても、私は君を信頼し続ける。君なら今回の失敗から何かを学び、這い上がってくると思うからだ。」

関連▼本文No.03

02 プレゼンが下手だと叱責され、落ち込んでいる部下に対して

【率直な気持ちを表現する】

「上手にプレゼンをしなさいと偉そうに言っているけど、実は私は若い頃プレゼンが下手で、上司からよく叱られていたんだ。あはは。」

関連▼本文No.12

03 プロジェクトに失敗し、落ち込んでいる部下に対して

【ソーシャルサポートを意識させる】

「今のあなたがすべきことは、自分の失敗を分析してみんなに伝えることだ。そうすればその失敗はみんなにとって役に立つ。」

関連▼本文No.16

04 発注ミスをしてしまい、会社に損害を与えたと自分を責める部下に対して

【責任を外在化する】

「そんなに自分を責めるな。誰の心にもいる〝うっかり虫〟が、君にそうさせたんだ。うっかり虫の責任だ。今後はその虫を押さえ込むようにすればいい。」

関連▼本文No.08

05 商談に失敗した部下に対して

【苦しい状況下の態度にこそ価値があると伝える】

「商談は失敗したけれど、○○さんのひたむきな姿勢はみんなが評価していました。今後の成功につながる価値ある姿勢でした。」

関連▼本文No.27

06 社内の資格試験に不合格になってしまった部下に対して

【因果関係を明確に示して意欲を高める】

「君の試験の結果を見ると、不合格になった原因は、法規で点が取れていないことだ。だから法規をしっかり学習すれば合格するぞ。」

関連▼本文No.36

07 商談をまとめることができなかった部下に対して

【挫折体験に肯定的な意味付けをする】

「商談がまとまらなくて残念だったな。でも努力したおかげで、交渉のノウハウを身につけることができたじゃあないか。今後の商談で必ず役に立つ。」

関連▼本文No.40

人間関係に悩む部下・後輩へ

08
提出した企画書が上司から差し戻しとなり、苛立つ部下に対して
【コミュニケーションの文脈（自分の意図）を示す】

「企画書を何回も書き直させているのは、君に才能があると思っているからだ。君が必死になっているので、私はこの企画を社長まで通したいと思っている。」

関連▶本文No.02

09
プロジェクトを失敗させた同僚に腹を立てている部下に対して
【意欲が出るように原因を定める】

「同僚のミスが失敗の原因であることは事実だ。しかし他人に原因があると考えるとあなたの成長は止まる。自分にも原因があると考えると成長する。」

関連▶本文No.10

10
社長に叱責されて落ち込んでいる部下に対して
【レジリエンス（ストレスからの回復力）を身に付ける】

「社長に叱られると誰でも落ち込むよな。落ち込んで当然だ。しかし、そこから早期に回復できる者がストレスに強いと言われるんだ。」

関連▶本文No.13

11
関係は悪くはないが、相性が合わない同僚との関係を気にする部下に対して
【信念を振り返らせる】

「誰とでも良好な人間関係をつくるべきという考えを否定はしません。ただ、相性の合わない人が存在するということも、認めざるを得ない現実ではないでしょうか。」

関連▶本文No.14

12
与えられた業務が自分に向いていないと悩む部下に対して
【現実に直面化させる】

「向き不向きは確かにあるが、やる前から悩むのは単なる逃げだ。やらなければならない現実があるならば、しっかりやろう。」

関連▶本文No.25

責任の重圧に苦しむ部下・後輩へ

13
プロジェクトをやり遂げる自信がないと悩む部下に対して
【自信を持つには根拠は必要ないことを伝える】

「やり遂げた体験がなくてもいいんだ。自分はきっとできると信じられるかどうかが、成功と失敗の分かれ道だ。」

関連▼本文No.05

14
頑張っているが、自分の仕事に満足感を持てない部下に対して
【自分に適した目標を持たせる】

「仕事を頑張るとは、自分の仕事を不十分だと否定することではない。まず達成可能な目標を立て、自分を認めてあげることが大切だ。」

関連▼本文No.06

15
プロジェクトリーダーとして、悩みながらも一人で頑張ろうとする部下に対して
【援助を求めることも重要なスキルだと伝える】

「プロジェクトリーダーであっても弱音を吐いてもいい。困った時に誰かに助けを求めることも、リーダーとして必要な資質です。」

関連▼本文No.28

16
計画がうまく進行せず、落ち込むプロジェクトリーダーの部下に対して
【役割を演技する】

「みんなも気分が沈んでいる。こんな時にこそ、リーダーは元気よく振る舞うんだよ。それもリーダーの仕事の一つだ。」

関連▼本文No.31

17
企画を順調に進めたプロジェクトリーダーの部下に対して【責務を果たしたことをねぎらう】

「リーダーの○○さんには期待していたので、あえて高いレベルの目標達成を求めましたが、不満も言わずよく頑張ってくれました。」

関連▼本文No.33

緊張している部下・後輩へ

18
大切な顧客との面談を前にして、緊張している部下に対して
【逆説的なメッセージで気を楽にさせる】

「もっと緊張していいよ。いや、むしろ緊張が足りないな。私が新入社員の時、緊張のあまり手の震えが止まらなかった。」

関連▶本文No.04

19
プロジェクトが失敗することを不安に感じている部下に対して
【失敗不安をやわらげる】

「失敗しても、原因を分析すれば今後の貴重な財産になる。失敗しても無駄にはならないから、気楽にいこう。」

関連▶本文No.09

20
重要な商談を前に緊張している部下に対して
【勝敗を気にさせない】

「目の前にあることだけに意識を集中させるんだ。何をどのように説明すると効果的かだけを考えろ。」

関連▶本文No.21

21
重要なプレゼンの前に緊張している部下に対して
【楽しむことに気持ちをシフトさせる】

「成功や失敗を意識するな。プレゼンを楽しむことが一番重要だ。」

関連▶本文No.22

22
社長へのプレゼンを前に、あがっている部下に対して
【イメージであがりをやわらげる】

「いつもの会議を思い出し、社長ではなく、課長である私に説明している自分をイメージしましょう。そうすれば、落ち着いてプレゼンができます。」

関連▶本文No.23

頑張っている部下・後輩へ

23
社内の朝礼での役職者の発言
【バランスの取れた情熱を持つ】
「私はライバルの支店に負けたくないんだ。売り上げトップに立つために、みんなは今以上頑張ってくれ。ただ無理するな。健康を損ねると、一時的な成果で終わってしまう。」
関連▶本文No.19

24
プロジェクトが成功して喜ぶ部下に対して
【勝っても防衛的悲観主義になれと伝える】
「プロジェクトが成功してよかったな。ただ成功を喜びつつも、今後については悲観的な見方をするぐらいがいい。その方が油断することを防げる。」
関連▶本文No.26

25
プロジェクトのリーダーを初めて任されて張り切っている部下に対して【部員の期待を把握させる】
「メンバーが何をしたいのかを最初に聞いて把握しておくと、プロジェクトの運営がスムーズに進むよ。」
関連▶本文No.29

26
自分一人で解決しようとするプロジェクトリーダーの部下に対して【部員が自立するリーダーシップを取れ】
「みんなと問題点や解決方法を共有することが大切だ。その方がみんなの問題解決の能力が発揮され、今後の取り組みにも生かされる。」
関連▶本文No.30

27
おとなしいが仕事はきちんとやってくる部下に対して
【達成感を感じさせる】
「君が丁寧に仕事をしていることはわかっているよ。君は、それを人に見せないけれど、私は評価している。」
関連▶本文No.34

28
統計学に詳しい部下に対して
【役の割適応能力を褒める】
「顧客満足度のアンケートをこんなに詳しく分析できるなんて、すごいな。あなたにしかできないよ。」
関連▶本文No.35

29
忘年会で上司が部下に挨拶をする時
【深い感謝を示す】
「私たちの支店の今年の売り上げは、この地区で最下位でした。でも、そんなことはどうでもいい。私はみんなが力を合わせて頑張ってくれたことに感謝しています。この一体感があれば、来年こそよい結果が生まれると私は信じています。」
関連▶本文No.37

仕事がうまくいかない部下・後輩へ

30 プロジェクトがうまく進まず、イライラしている部下に対して【自己効力感を高める】

「〇〇さんの担当しているプロジェクトは、誰がやっても難しい。でも、〇〇さんは成功に導く力を持っていると私は思う。」

関連▶本文No.01

31 プロジェクトの企画立案に苦しんでいる部下に対して【主体的に考えさせる】

「前例に従うのではなく、このプロジェクトで何をやりたいのかを自分に問いかけてごらん。主体的に考えると、先が見えてくる。」

関連▶本文No.07

32 アルバイトの配置のミスをしてしまった部下に対して【楽観的な態度に注意させる】

「たまたまミスをしてしまっただけと考えがちだ。しかし楽観的に考えていると必ずミスは繰り返される。」

関連▶本文No.08

33 さまざまなクレーム対処に追われ、気持ちが焦っている社員に対して【具体的な動作をイメージさせる】

「まずクレームの具体的な対応をひとつずつ確認するんだ。次に落ち着いてクレーム対応をしている自分をリアルにイメージしてごらん。そうすれば、きっとうまくいく。」

関連▶本文No.11

34 頑張ったが、結果を残せなくて気落ちしている部下に対して【チームには相互作用があることを伝える】

「あなたが頑張っている姿を、後輩たちが背後から見て意欲を高めていた。よい刺激を与えてくれて、ありがとう。」

関連▶本文No.15

35 企画書がなかなか通らず、イライラしている部下に対して(先輩の発言)【リフレーミングで肯定的な見方に変える】

「企画書の書き方の勉強をしていると考えた方がいい。あの課長の企画書は評判がいいんだ。その技術を盗むチャンスだ。」

関連▶本文No.18

36 契約がまったく取れずに苦しんでいる部下に対して
【挫折を経験した者こそ力を発揮すると伝える】

「この苦しみは無駄にはならない。何かを学んではい上がった時、営業マンとして一段と成長しているものだ。」

関連▶本文No.20

37 完璧な仕事をしようとして、いつも残業している部下に対して
【完璧主義に注意させる】

「ミスがなければ完璧な内容でなくてもかまわない。スマホのアプリだって、後でアップデートして完成に近づけている。合格点に達していればいいんだよ。」

関連▶本文No.24

38 自信なさそうに仕事をしている後輩に対して
【間接的コミュニケーションを使って褒める】

「課長があなたを褒めていたよ。みんなの知らないところで、一生懸命努力していると言っていた。」

関連▶本文No.32

シーン別 使えるフレーズ ビジネス編⑦

異動する部下・後輩へ

39 プロジェクトをやり残して転勤せざる得なくなった部下に対して
【未完の行為を実現させる】

「部署は違っても、君の夢は変わらないはずだ。悔しさをバネに、次の部署でも頑張るんだよ。」

関連▶本文No.38

40 成果を残せなかったと嘆きながら、異動する部下に対して
【チームの文化への貢献を評価する】

「〇〇さんの提案した会議の新しいシステムは、とても役に立った。この部署に、とてもよい成果を残してくれたんだよ。」

関連▶本文No.39

参考文献（各ワードの番号に対応。なお31、33、34は参考文献なし。）

1　島井哲志・長田久雄・小玉正博編（二〇〇九）『健康心理学・入門―健康なこころ・身体・社会づくり』有斐閣

2　長谷川啓三（一九八七）『家族内パラドックス―Paradoxical approach』彩古書房

3　國分康孝（一九八〇）『カウンセリングの理論』誠信書房

4　長谷川啓三（一九八七）『家族内パラドックス―Paradoxical approach』彩古書房

5　日本スポーツ心理学会（二〇〇五）『スポーツメンタルトレーニング教本　三訂版』大修館書店

6　日本スポーツ心理学会（二〇〇五）『スポーツメンタルトレーニング教本　三訂版』大修館書店

7　吉田毅（一九九四）「スポーツ的社会化論からみたバーンアウト競技者の変容過程」『スポーツ社会学研究』二、六七―七九頁

8　笹竹英穂（二〇一四）「性に関する危険な出来事の被害体験が防犯意識に与える影響―楽観主義バイアスの視点から―」『犯罪心理学研究』五一（二）、二三―四四頁

9　種ヶ嶋尚志（二〇一〇）「競技不安を訴えて来談したスポーツ選手との認知療法によるカウンセリング」『スポーツ心理学研究』三七（一）、一三―二三頁

10　伊藤豊彦・島田正大（一九八二）「スポーツに対する原因帰属に関する研究」『島根大学教育学部紀要　教育科学』一六、四三―四八頁

11　中込四郎（二〇一三）『臨床スポーツ心理学―アスリートのメンタルサポート』道和書院

12　國分康孝監修（二〇〇八）『カウンセリング心理学事典』誠信書房

13　上野雄己・鈴木平・清水安夫（二〇一四）「大学生運動部員のレジリエンスモデルの構築に関する研究」『健康心理学研究』二七（一）、二〇―三四頁

14　國分康孝（一九八〇）『カウンセリングの理論』誠信書房

15　國分康孝監修（二〇〇八）『カウンセリング心理学事典』誠信書房

16　和秀俊・遠藤伸太郎・大石和男（二〇一一）「スポーツ選手の挫折とそこからの立ち直りの過程―男性中高生競技者の質的研究の観点から」『体育学研究』五六（一）、八九―一〇三頁

17　中原千琴・相川充（二〇〇六）「〝問題の外在化〟を用いたいじめ防止プログラムの試み―小学校低学年における授業を通して」『東京学芸大学紀要　総合教育科学系』五七、七一―八一頁

18　笠置浩史（二〇〇八）「教育の現場におけるカウンセリング・マインドとリフレーミング」『教育學雜誌』四三、一一三―一二二頁

19　藤田勉（二〇一二）「スポーツにおける情熱の予備的検討」『鹿児島大学教育学部研究紀要　人文・社会科学編』六三、八一―八七頁

20 杉浦健（二〇〇一）「スポーツ選手としての心理的成熟理論についての実証的研究」『体育学研究』四六（四）、三三七―三五一頁
21 日本スポーツ心理学会編（二〇〇八）『スポーツ心理学事典』大修館書店
22 谷木龍男・坂入洋右（二〇〇九）「ポジティブなスポーツ体験に関わる心理的要因」『健康心理学研究』二二（一）、二四―三三頁
23 中込四郎（二〇一三）『臨床スポーツ心理学―アスリートのメンタルサポート』道和書院
24 中野敬子・臼田倫美・中村有里（二〇一〇）「完璧主義の適応的構成要素と精神的健康の関係」『跡見学園女子大学文学部紀要』四五、A七五―A九〇頁
25 国分康孝（一九七九）『カウンセリングの技法』誠信書房
26 有冨公教・外山美樹（二〇一五）「日本人アスリートの競技中に生じる思考の構造および発生傾向の検討」『スポーツ心理学研究』四二（一）、一―一四頁
27 ヴィクトール・E・フランクル、諸富祥彦監訳、上嶋洋一・松岡世利子訳（一九九九）『〈生きる意味〉を求めて』春秋社
28 SCIラザルス式ストレスコーピング・インベントリー（日本健康心理学研究所）
29 杉浦正和（二〇一三）「役割理論の諸概念と職場におけるロール・コンピテンシー」『早稲田国際経営研究』四四、一五―一九頁
30 中村豪・上野雄己・中澤史（二〇一七）「指導者のリーダーシップの在り方が選手の社会的スキルに及ぼす影響―中学校野球部員を対象とした競技レベルとの関係性」『法政大学スポーツ研究センター紀要＝Bulletin of Sports Research Center,Hosei University』（三五）三三―三八頁
32 長谷川啓三（一九八七）『家族内パラドックス―Paradoxical approach』彩古書房
35 杉浦正和（二〇一三）「役割理論の諸概念と職場におけるロール・コンピテンシー」『早稲田国際経営研究』四四、一五―一九頁
36 伊藤豊彦・島田正大（一九八二）「スポーツに対する原因帰属に関する研究」『島根大学教育学部紀要　教育科学』一六、四三―四八頁
37 國分康孝監修（二〇〇八）『カウンセリング心理学事典』誠信書房
38 國分康孝（一九八〇）『カウンセリングの理論』誠信書房
39 樋口康彦（一九九六）「スポーツ集団における組織要因とメンバーの達成動機との関連について」『実験社会心理学研究』三六（一）、四二―五五頁
40 SCIラザルス式ストレスコーピング・インベントリー（日本健康心理学研究所）

[編著者]

笹竹英穂（ささたけ　ひでほ）
1961年静岡県磐田市生まれ。筑波大学第二学群人間学類卒業，名古屋大学大学院発達科学研究科後期過程単位取得退学。家庭裁判所調査官を経て，至学館大学教授。博士（心理学），臨床心理士，公認心理師。専門は犯罪心理学，臨床心理学。趣味は硬式テニス，茶道，料理。

スポーツ指導者《しどうしゃ》に学《まな》ぶ
選手《せんしゅ》の心《こころ》を動《うご》かすパワーワード

NDC780／191p ／19cm

初版第1刷――2020年11月20日

編著者――笹竹英穂《ささたけひでほ》
発行者――鈴木一行
発行所――株式会社 大修館書店
〒113-8541 東京都文京区湯島2-1-1
電話 03-3868-2651（販売部） 03-3868-2299（編集部）
振替 00190-7-40504
[出版情報] https://www.taishukan.co.jp

装丁・デザイン・組版―mg-okada
写真提供――Shutterstock.com
印刷所――広研印刷
製本所――難波製本

ISBN 978-4-469-26901-7　Printed in Japan